李章珍◎著

演说创富

——中国最赚钱的演说创富系统

YANSHUO
CHUANGFU

经济管理出版社
ECONOMY & MANAGEMENT PUBLISHING HOUSE

图书在版编目（CIP）数据

演说创富：中国最赚钱的演说创富系统/李章珍著 . —北京：经济管理出版社，
2015.1（2018.4 重印）
ISBN 978-7-5096-3531-5

Ⅰ.①演… Ⅱ.①李… Ⅲ.①演说—语言艺术 Ⅳ.①H019

中国版本图书馆 CIP 数据核字（2014）第 288969 号

组稿编辑：张　艳
责任编辑：张　艳　赵晓静
责任印制：黄章平
责任校对：陈　颖

出版发行：经济管理出版社
　　　　　（北京市海淀区北蜂窝 8 号中雅大厦 A 座 11 层　100038）
网　　址：www.E-mp.com.cn
电　　话：(010) 51915602
印　　刷：玉田县昊达印刷有限公司
经　　销：新华书店
开　　本：720mm×1000mm/16
印　　张：13.5
字　　数：168 千字
版　　次：2015 年 1 月第 1 版　2018 年 4 月第 2 次印刷
书　　号：ISBN 978-7-5096-3531-5
定　　价：39.00 元

前　言

丘吉尔说："一个人可以面对多少人，就代表这个人的人生成就有多大！"

卡耐基说："一个人的成功 15%靠专业知识，85%靠人际沟通！"

那些非常成功的人士，无论是政界领袖还是世界巨富，无论是卓越的团队领导人还是商界的巨头，他们几乎都是演说大师！他们用演说传播着自己的影响力，用演说不断开启自己的财富之门，并让演说成为自己终生受用的艺术！

著名的总裁演说教练李章珍说："如果说眼睛是心灵的窗户，那么嘴巴就是财富的大门。"会演说，你能更好地宣导企业理念，传播企业影响力；会演说，你可以在商业性演说中巧妙地说服客户，取得如鱼得水的效果；会演说，你能更顺畅地描绘梦想，陈述使命，凝聚团队人心；会演说，你可以有效激发员工士气，让他们无往不胜；会演说，你可以在润物细无声中吸引别人，编织自己强大的人脉网络；会演说，不是才俊也会变成才俊，因为演说可以倍增个人魅力。

我们每个人都追求卓越，每个人都想站在舞台上展现自己，让自己光芒万丈。可现实是，大部分的人都还只能看着别人成功，只能看着别人在舞台上妙语连珠、光芒万丈，而自己却只能在台下默默地为别人鼓掌。为什么会这样？是觉得自己生来就不是当演说家的"材料"吗？还是因为你根本不懂演说的秘诀？抑或是根本就没掌握实战、实效、实用的演说技巧？如果真的是这样，不要丧失信心，本书就是来为你解决这些问题的！

演说力是你开疆拓土的伟大武器！学会演说，你的声音能够传播多远，你的舞台就有多大；你的思想能够影响多少人，你的事业就有多宽广；你的语言能给你带来多少改变，你的潜能就有多强的爆发力！

本书最大的心愿就是帮助你成为超级演说家！通过本书，你可以有效构建起自己的"演说领导力系统"，让你成为最会凝聚人心的卓越领导；通过本书，你可以有效构建起自己的"演说销售力系统"，让你出口成章、张口生财；通过本书，你可以有效构建自己的"演说影响力系统"，让你从此拥有开启自身潜能的开关；通过本书，你可以有效构建自己的"演说吸引力系统"，让你吸引更多财富和人才；通过本书，你可以有效构建自己的"演说说服力系统"，让你在潜移默化中就把对方说服；通过本书，你可以有效构建自己"改变命运的系统"，让你脱颖而出，成为命运的宠儿。总之，通过本书，你不仅可以掌握演说的精髓，还可结合自我个性，打造出属于自己的演说风格！形成一部适合自己的实战、实用、实效的演说宝典！

牛顿说过："我之所以看得更远，是因为我站在巨人的肩膀上。"我们也真心希望，站在"本书的肩膀上"，你的演说从此可以变成一件轻而易举的事！我们希望，本书中所带给你的技巧和方法，可以让你在任何时候、任何场合，与任何人进行演说时，都不再恐惧、不再害怕！

目 录

第一章 演说：开启财富之门的隐形钥匙

生命即关系，演说即创富

卡耐基说："一个人的成功85%靠的是人际沟通和演说能力，只有15%与他的专业技能相关。"人是群居动物，其活动离不开他所处的人群，其事业的成败也来自于他所处的人群。可以说，生命就是关系，一个人只有在这个社会中游刃有余地处理好各种关系，才能为自己事业有成提供保障。

美国前总统罗斯福曾说过："成功的第一要素就是要懂得如何搞好人际关系。"要搞好人际关系就一定离不开沟通能力，离不开说话的能力。话说得好，小则可以讨人喜欢，大则可以改变命运。其中，在说话能力方面，演说能力又占据着重要位置。

演说，也叫演讲，是一个单方向地对很多人的讲话。说白了，演说就是在公众面前讲话。另外，我们在说到演讲时，还经常与提到另一个词——口才。演讲与口才虽不是一回事，但可以肯定的是，一个善于演讲的人，其口才也差不到哪里去；而一个口才好的人，其演讲相对更容易打动人。

一个魔力非凡的演说需要良好的口才做铺垫、做基础，而良好的口才能赋予你无比强大的力量，正如美国著名商人、作家、主持人唐纳德·特朗普所说的："如果你没有口才，你就没有能量；如果你没有能量，你就一无所有。"可见，拥有良好的口才能让你变得富有，换句话说，良好的口才就是财富。因为优秀的演说能力与优秀的口才相辅相成，因此我们也可以说，具备了优秀的演说力，你就等于拥有了财富。

演说就是财富，当我们面对听众发表一场令人叹服的演说时，这需要极大的自信和能力，你知道这极大的自信和能力对你意味着什么吗？正如卡耐基所说的那样，一场令人叹服的演说所需要的自信和能力对你意味着——无论是在金钱、社会地位、交友还是个人影响力等方面，你都有了达成各种目标的最快力量。而且，"演讲还能够迅速地赋予你领导地位，它要比你所能想到的其他活动更加有效"。

一位著名的演讲家说："每个人都会有多种多样的经历，但就获得永恒的、彻底的满足感与自豪感而言，任何一件事情都不可能与演讲相媲美。当你用演讲让听众们跟着你一起思考时，当你用演讲改变别人的命运时，当你用演讲带给别人信心和激情时……演讲带给你的'改变世界的力量'，带给你成功的自豪，将会使你成为人上之人。"

每一位接受过教育的人无一不想获得演讲才能。卡耐基在32岁的时候就为自己制定过一份人生规划。他计划在35岁时，告别自己的生意生涯，去哈佛大学接受完整的教育，然后用毕生的精力来一心一意研究公众演讲。

很多人之所以想拥有演讲才能，就是因为他们深知，与其他的方式相比，演讲能让他们更快获得社会和他人的认可。正像有些人调侃的那样：干得好不如写得好，写得好不如说得好，辛辛苦苦干一年不如大会发个言。在这里虽然说得有点"庸俗"，但不得不承认演说与口才对一个人成功的巨大意义。就如同拥有万贯家产的菲利普·D.阿默尔所说的："与其是一个伟大的资本家，还不如成为一名伟大的演说家。"从一个拥有万贯家财的人口里说出这些，可见演说能带给人们的财富之巨大。

与马克·吐温同时代的美国著名律师查恩西·M.戴普尤曾经说："没有什么能像演讲一样，人人都可以拥有这种能力，并且能迅速地开创这门事业，迅速地获得社会和他人的认可。"

事实也是如此，获得了他人的认可，我们便有了人脉。不管是做事还是创业，人脉资源永远是第一资源。而优秀的演讲能力正好可以帮我们聚集人脉。

听一位好的演讲者演讲我们可以轻易发现，其言语间都透出讲话的艺术性和技巧，有时候还让我们觉得听他们演讲就如同聆听一场盛大的音乐会，不仅能紧紧抓住听众的心，让听众跟随他们的思索而思考，还能给人一种如沐春风的舒服感，让人在佩服其出众的口才之余，还禁不住想和这样的人交朋友，让这样的人激励督促自己不断向前。很明显，一位好的演讲者更容易获得自己的人脉，而人脉就是财脉，人脉广了，我们的成功之路也就广了，我们的财富之路也就广了。

演说真的是有人认为的要嘴皮子功夫吗？

很多人认为演说就是要嘴皮子功夫，真是这样吗？当然不是！

的确，我们得承认，演说需要嘴皮子功夫，需要嘴皮子厉害，这是成功演说的前提。毕竟我们没见过一个连话都说得磕磕巴巴、思维断断续续的人能把听众吸引得全神贯注，只有那些能把自己的观点或者思想流利地传达给听众的演讲者，才能引起听众的共鸣。所以说，演说确实是需要嘴皮子功夫的。但是，仅这一点，就把演说看成是要嘴皮子功夫那是不对的。演说与要嘴皮子有着太多的区别。

要嘴皮子是什么？要嘴皮子，普通话叫闲谈，甚至是夸夸其谈，它可以没有章法，可以没有规矩，可以说到哪算哪，甚至它的内容可以夸张、杜撰、不真实，可以完全不做准备。而演讲却全然不同。通过下面的比较，我们会发现两者的巨大差异。

1. 演讲有明确的目的性

演讲不像要嘴皮子可以没有明确的目的，只为了一时的逗乐。具体来说，演讲的目的有三个方面：一是说服，就是让听众弄明白对方的思想、观点或立场，在此基础上让听众接受自己的观点，继而达到信服我们，最后促成他们做出相应的行动改变来响应我们的呼吁；二是知晓，就是让听众完全明白自己所传达的信息，让他们了解并记住以前他们不知道的知识或者事情；三是共鸣，就是让听众感动或者激动，让听众随着演讲者的表达而不断产生情感、心境的变化，以达到和演讲者同忧同乐、同悲同喜的效应。

2. 进行演讲具有时间要求

要嘴皮子什么时间都可以，它没有时间要求。但演讲却不一样，演讲并不是随时随地的，如果我们平时也以演讲的口吻和别人说话，那别人一定会觉得我们脑子有问题。所以，演讲总是在一定的情况下出现。

那么，具体什么时候需要演讲呢？一是推广一个新的理念或者观点；二是化解危机；三是在一定的背景下需要表达个人的观点；四是鼓动人们促使人们改变行为；五是宣传信仰或者政治主张；六是推销自己，如竞选等。

3. 演讲有独特的主题

主题也叫切入点，是演讲的灵魂，确定了主题，演讲者才能有目的地进行材料准备和写作。演讲主题选择的好与坏，直接决定了听众的兴趣能否被激发，直接决定了演讲效果的成功与否。而要嘴皮子却不需要选择主题，更不用提前准备。

4. 演讲需要有适当的激情

在演说中，必须要有与演讲的内容适配的激情。这样做，一是要调动演讲者本人的情绪，以使自己更好地爆发出感染力；二是为了带动听众的情绪，使听众情感的变化能与演讲者同步，从而达到共鸣。但要嘴皮子功夫却不同，我们说一个人的嘴皮子功夫很厉害，一般是说这个人很能说或者很会说，但能说、会说并不一定要有激情，它或许就是一般的说话。

5. 演说是博览群书与深度思考的结合

演说不只需要嘴皮子功夫，更需要大脑思考的力量。演讲要言之有理、言之有物、言之有序、言之有文、言之有情，要做到这些，离不开演讲者长期的、广泛的知识积累，也离不开演讲者长期的思考能力、语言表达能力、心理素质、逻辑思维等不断地训练。在演讲中，演讲者会阐述自己的独特见解，这些都是人们思考智慧的结果，绝不是简单的耍嘴皮子功夫。

6. 演讲有"技"可遵循

演讲不是耍嘴皮子功夫，它有很多实用的方法和技巧。演讲者如果能掌握一些不错的演讲方法或者技巧，在此基础上形成自己的风格，这样，可以让我们的演说更有吸引力和感染力。

总之，好的演讲能带来财富和成功的突破口，而耍嘴皮子甚至是带有忽悠性质的耍嘴皮子，只能让人感觉到这个人不可信任，这种不能带来任何价值的耍嘴皮子话语还不如不说。

不会演说，是金子你也难发出灿烂的光

被誉为公共演讲恐惧症领域的研究先锋纳塔利·H. 罗杰斯说，会演讲的人成功机会多两倍。她为什么这么说？因为一个会演讲的人，往往比别人更自信；一个会演讲的人其口才也会不错；一个会演讲的人其沟通能力往往也

很强；一个会演讲的人其思维能力也不会太差……不管是自信、出色的口才、良好的沟通能力，还是思维能力，这些都是我们取得成功的关键因素。试想，如果一个人同时具备了这些素质，那么，他成功的机会肯定要比别人多两倍甚至更多。

1. 自信

当一位演讲者面对人群演说时，他所获得的自信、勇气以及沉着的能力都很高，这是所有领导者所看重的。作为一名企业团队成员，无论是在平时的工作中面临着高难度的工作，还是团队突然面对着重大危机，这些人都不会只做"逃兵"，他们骨子里的那种自信会让他们成为职场上最具气场的人。因此，他们有力量去克服眼前的困难、克服恐惧，敢于尝试新的方法、敢于面对失败、敢于付诸行动，有行动就会有奇迹。也正因为如此，他们与一般人相比，总能使自己快速增值，总能比别人更快得到领导者的认同。

2. 出色的口才

我们没见过一个口才很差的人，能在演讲时赢得听众的喝彩。如果一个人会演讲，这就说明这个人的口才也不错。口才在当今社会太重要了，一个很有才能的人，如果没有好的口才，不能把自己所想的、所说的表达出来，是很难得到别人的肯定与认可的。

举个简单的例子来说吧，在工作中，谁都想晋升，晋升就离不开竞职演说。会演说的人，凭借着出色的口才，讲起话来头头是道、条条有理，出色的表达能力一下子让领导看到你与众不同的一面：有气质、有口才、有水平。如此，领导和同事个个都会对你充满一种新的希望，正是这种新的希望，会让你在工作中比较容易打开新局面。

相比之下，如果一个人的竞职演说很糟糕，说理不透彻，讲话不明白。那么，领导和同事们就会觉得：这人讲话能力实在不怎么样，听了半天也没弄清楚他讲的主要意思，连自己想说的都说不清，以后怎么给他下任务？怎么做好上传下达？还不如×××呢！你说，这样的人能打开工作局面吗？如此，即便是你能力再强、专业水平再高，也需要相当长的时间，才能改变大家对你的印象，这对我们的工作和晋升都是相当不利的。

切实地说，有才干没口才也可以让人达到成功的目的。但毫无疑问，两个具备同样才干的人，如果这个人口才逊于对方，连自己的想法都表达不清，那么要在工作中提拔晋升，欲与对方竞高下，要取胜那是相当有难度的。因为很多机遇就是靠口才得来的。一个人具备了良好的口才，既可以大方自然地展现自己，又能赢得领导者和同事们的欣赏与关注。

3. 良好的沟通能力

会演说的人，一般沟通能力也比较强。为什么？因为他们善于演说，善于通过语言感染和打动别人，这样的人，在做别人的思想工作时，就比较容易和别人沟通，过程也就会相对顺畅。特别是会演说的人一般能很好地抓住对方的心理需求，从根源上了解对方的想法。

善于演说的人为什么能赢得别人的喝彩？很重要的一个方面就是他们洞悉听众的心理需求，从而找到适合的演讲主题以迎合听众的需求。而在沟通中，如果我们能洞悉他人的心理需求，那么我们就能有针对性地予以满足，就会赢得对方的好感，那我们的沟通工作就会非常容易展开。一位企业高管曾经这样说："我们在寻找人才的时候，总是更在意那些善于沟通的人，因为这会使我们的工作便利不少。"

4. 优秀的思维能力

好的演讲是深度思考和灵活思维的结合物。演讲能做到言之有序、言之有理，就要求演讲者必须要讲求思维的逻辑性、严密性和科学性。优秀的思维能力又决定着一个人的行动，思维力强，行动力才会有正确的方向，而思考力、表达力、行动力恰恰是每一个成功人士都必须具备的能力。

不会演说，能力再强你都是个"秘密"，因为公众场合没人认识你，别人就无法看到你的能力；不会演说，工作效率极低，一天只谈几个客户，累得连水都没喝上一口。而别人却可以利用销售演说，一下子面对成百上千人来宣讲自己的产品，并且成交率也不低。如此，领导自然不会喜欢你；不会演说，上台哆哆嗦嗦，再有能力，在别人面前你的形象也会大打折扣，也只能成为别人的笑柄……总之，不会演说，是金子你依然难以发光。

演说+行动+智慧＝与众不同的财富人生

上面我们讲到，会演说的人比不会演说的人成功机会多两倍。但有一个问题需要强调，如果一个人很会演说，很善于演说，在一个团队中，只注重发挥自己"说"的能力，却不懂"做"，不懂行动，那么，这个人就真的是"思想的巨人，行动的矮子"了。

会"说"，只能说明你"知"，其实从"知"到"行"之间还有很长的距离。在中国古代哲学中，关于"知"与"行"的关系早有辩论。《古文尚书》有"非知之艰，行之惟艰"之说，意思是知相对易，行相对难。孔子在《论语·学而》中说："贤贤易色，事父母能竭其力，事君能致其身，与朋友交言而有信，虽曰未学，吾必谓之学矣。"孔子认为从某种意义上说，"行"比"学"、"言"更重要，只有"说"与"行"一致才是真君子。在《荀子·儒效》中有："不闻不若闻之，闻之不若见之，见之不若知之，知之不若行之，学至于行而止矣，行之，明也。"意思是说，在学习中听说比不听好，见到比听说好，知晓比见到好，实践比知晓好，学习的最终就是实践，实践了，就明白了。荀子强调"行"高于"知"，"行"才是终极目标。因此，我们不仅要"会说"，更要"会做"。

"会说"与"会做"都是基本功，很多成功的人都有审时度势的能力，在充分运用智慧后，他们会生发出一些重要的想法或者观点，如何把这些想法变成现实？离不开"会说"，更离不开"会做"。

1796年4月28日，拿破仑率领军队征服了凯拉斯科，此时，部队已经疲惫不堪，再想出击已经很难。但拿破仑在认真分析和思考之后，心里却清楚得很，按照当时的形势，战士们如果能乘胜追击，就能彻底取得战斗的胜利。面对这样的情形，拿破仑知道，他需要给战士们注入新的士气，以让他们乘胜进军。于是，面对着筋疲力尽的战士，拿破仑发表了震撼人心的演讲。

拿破仑抑扬顿挫地说道："你们（加重语言，强调）在15天内赢得了6次胜利，缴获了55门大炮和21面旗子，捉住了15000名俘虏，杀敌10000多人，攻下了不下于5座要塞，还征服了皮埃蒙特最富饶的地方。在此之前，你们为那些不毛之山而战，并在那些山岩上留下了你们的荣誉，可是这些山岩对祖国却是毫无裨益的。现在正是由于你们（加重语言，强调）的功勋，你们（加重语言，强调）可以同荷兰和莱因方面军并驾齐驱了！"

一番激情的演说之后，士兵们大受鼓舞，他们暂时忘记了疲惫，重新拿起了武器，拿破仑更是以身示范，冲在最前面。在他们的共同努力下，最终获得了这次战斗的胜利。

事实证明，"会说"才能将好的思想观点、方针政策以更有利于人们接受的方式传达给人们，才能充分调动团队成员的积极性，形成推动组织发展的强大合力，才能让成员认同你的想法和目标；"会做"才能有效解决困难，才能化解问题，才能把目标从一个口号变成实实在在的结果，变成实实在在的财富。

有的人只"会说"不"会做"，习惯于发号施令、坐而论道，但就是毫无行动，这些人在别人眼里没有一点说服力；而有的人只"会做"不"会说"，他们满足于闷头做事，不善于表达自己，更不善于做宣传发动和教育引导工作，这些人常常会成为"光杆司令"，这些人永远当不了将才，更当不上帅才。无数事实证明，这两种情形都不利于最大限度地发挥我们的作用，都不利于我们事业的发展，都不会让我们的人生变得与众不同。

著名演说家陈安之老师之所以拥有成功的事业和与众不同的人生，就是因为他既是演说的巨人，又是行动的巨人。虽然如愿进入了安东尼·罗宾的公司，但他很清楚自己的劣势，为了尽快进入角色，他开始了疯狂训练。每天上下班的路上，他会"喋喋不休"地大声演讲；等红灯的时候，他会更加疯狂地高声演说；晚上回到家，他站在镜子前经常一练就是四五个小时。

每时每刻每个地方，都是他的演讲舞台。陈安之的生活状态完全和演讲一样，充满着活力与激情。因为他认为，好的演讲不仅仅是嘴巴上的说服，更是一种对行动的感染，是一种言行一致的表现。只有你的生活确实是这个样子，当你站在舞台上，你才会自如地展示出实力。

事实上，"会说"与"会做"从来都不是相互对立、彼此分割的，它们从来都是紧密联系、有机统一的。不管是在做事还是创业中，我们都应该把"说"与"做"共同贯穿于其中，既成为出色的"宣传家"，又成为真正的"实干家"。

电视剧《士兵突击》里有一句很经典的台词：想到和得到的中间还有两个字——做到。做到就是行动。对于领导者而言，领导者要身先士卒，做行动的楷模。在一个团队中，领导者要把口号变成行动，而不仅仅是号令的发起者、倡导者，更应该是行动的先行者、实践者。

从现在开始，把每一个口头上的想法或者创意变成行动吧！把口号变成行动，行动会消灭惰性，行动会消灭迟疑，会给我们带来意想不到的成果和财富。一个优秀的人，绝不仅仅是一位优秀的演说家，更应该是一位优秀的实践家！

神奇的演说倍增法则

在商界有一个神奇的市场倍增法则。什么是市场倍增法则？我们先来看一个小故事：

从前有一个国王，非常喜欢下棋，有一天，国王下完棋后，心情大好，于是突发奇想，想要奖励棋的发明者。棋的发明者被招到宫中。国王开心地说："你发明了棋，让我天天很开心，我要奖励你，你告诉我，你想要什么？"

当时，正值闹灾荒，老百姓民不聊生。棋的发明者说："我什么也不要，只要在我棋盘上的第一个格里放 1 粒米，第二个格里放 2 粒米，第三个格里放 4 粒米，依此类推，每一个后面格子里所盛放的米均是前一格的双倍，直到把这个棋盘放满就可以了。"

皇帝大笑着说："就这点要求，就按照你说的放米。"当第一格的 8 个格放满时只有 128 粒米，皇宫的人不禁都大笑起来。但等到把第二格里的 8 个格子放满时，皇宫里的笑声消失了，取而代之的是人们的惊叹声，因为通过计算，人们知道要把这 64 格棋盘放满，需要 1800 亿万粒米，这相当于当时全世界米粒总数的 10 倍。皇帝履行了承诺，棋的发明者用这些米粮救济了无数灾民。

这就是被爱因斯坦称为"世界第八大奇迹"的市场倍增法则的来历。它是应用基数的原理，通过一传十、十传百、百传万、万传亿的方式，经过不同人一次又一次地传递后，使其影响力无限扩大，从而产生无法匹敌的威力。

其实，演说也具有神奇的倍增效果，演说也能产生无法匹敌的威力，也能让你的影响力无限扩大。无数成功的演说家都用他们的亲身经历证明了演说是这个世界上提升影响力最具威力的一种方法。为什么这么说？当你对着数千万人传递你的思想时，若你的思想得到了其中一些人的认可，并且他们成为了你的粉丝，那么，这些人就会成为你思想的传播使者，他们会向世界传播你的声音。这样，经过一传十、十传百、百传万、万传亿的方式，你的思想说不定就会成为"全世界的福音"。

演说倍增时间，我们的生命都是由时间组成的，倍增生命唯一的方法就是倍增时间。看看那些成功的演说家，他们大都可以用一年的时间活出别人

5 年甚至 10 年、几十年的时间。陈安之是全亚洲最顶尖的演说家，每小时演讲费高达 1 万美元，在未曾接触演讲舞台之前，从 17 岁到 21 岁的 5 年之中，他做过 18 项工作，21 岁时，银行存款依然为零。可当他在演讲的舞台上挥洒自如时，他的命运发生了奇迹般的逆转。25 岁那年，他成立了陈安之研究训练机构，每个月收入过万元。短短两年的时间，也就是在他 27 岁时，他已经成长为了亿万富翁。仅仅 27 岁，他完成了别人用 5 年、10 年甚至一辈子都完不成的事情。

演说倍增人脉，我们对着一个人讲话，再厉害，只能影响 1 个人；可当我们对着 1000 个、1 万个人说话，我们是在影响 1000 人、1 万人，从 1 到 1 万，这对我们人脉的积累就是一个量的飞跃，甚至也是质的飞越。

演说倍增胆识，演说遵循一个"六次原则"，即第一次上台紧张，第二次上台还会紧张，第三次上台稍有改善，第四次上台就开始变得轻松，第五次上台就可以很自然，第六次上台基本上就可以上瘾了。上台就等于练胆，让一个人胆识迅速倍增的法门就是：上台！一个人暴露在公众面前的机会越多，他的胆识就越大。而胆量又跟成就成正比，看看那些成功的人士，无论是企业家还是政治家，他们都是有勇有谋，"勇"是什么？就是胆识！

演说倍增财富，演讲就是宣传、就是营销，是推广你品牌的最经济也是非常有效的方式。很多人在创业初期，没钱打广告，公众演说就是一个很好的选择方式。马云、比尔·盖茨等在创业初期，公众演说的营销方式简直就是他们的主打方式；还有俞敏洪，为了打开知名度，推广新东方，他亲自去很多大学做免费演讲，结果，公众演说给这些人招来了大量投资者和消费者。可以说，一对多的"批发"式演讲销售价值千金。美国的一位著名企业家说过，假如中国的企业家们都会演讲，那么，中国企业的市值就会倍增 30 倍甚至更多。这是多么庞大的财富增值！

　　演说倍增知识、演说倍增业绩、演说倍增影响力……这就是演说神奇的倍增法则，这就是演讲的威力！无论是扩大你品牌的影响力还是你的知名度，演说都是最经济也是非常有效的方式。但是，有一点需要指出，要想演说效果倍增，我们就必须要懂得把听众集中起来。因为当听众们分散在不同的场地时，他们的情绪是不易被彼此感染的，要知道没有什么能比人与人之间空旷的距离更能削减热情的。

　　人都有从众心理，当把个体的"人"放入群众时，这个人很容易就被群众的情绪所感染，而丢掉自己的个性。所以在演讲中，我们要随时注意听众们的位置，当发现他们零散的分散于不同之处时，在演讲中我们就要把他们集中起来，这样，我们的演讲就会收到倍增的效果。

第二章　演说修炼系统：李章珍与演说家的真功夫

为什么要成为一名卓越的演说家？

为什么要成为一名卓越的演说家？很多人在回答这个问题之前，第一想法就是——我现在生活得好好的，我不想成为讲师，我就是一名普通的上班族，上面有老板替我张罗着，我又用不着经常上台演讲，我不需要学会公众演说。

你说的一点都不错，你真的不一定要成为讲师，也不一定要经常站在舞台上演讲，但有一些问题，需要你很认真地回答：

你想不想用最经济而且最快速的方法提升自己的影响力？

你想不想用最快速的方法让自己变得自信有气场？

你想不想提升自己的口才？

你想不想快速增加自己的财富？

你想不想提升自己的领导力？

你想不想用更有说服力的方法教育子女？

你想不想帮助更多的人？

……

不管你是谁，只要上面有一条是你想达成的目标，那么，你就有必要学会公众演说。世界第一潜能激发大师安东尼·罗宾曾说："无论你的成功定义是赚取更多的财富，还是要与更多的人分享你的智慧，抑或是你想帮助更多的人，公众演说无疑是最具威力的一种武器！"

只要你演说的功夫到家，精准地找到一群客户，拿起麦克风，给你几个小时，用"一对多"的演讲销售，你不难成为百万富翁，你甚至可以把别人用好几十年才能完成的目标在几年之内就完成。

只要你演说的功夫到家，你就可以成为顶尖的领导者，你就可以用演说去统一团队的思想，激发团队的斗志，提高团队的战斗力，你就能做到"收人收心收灵魂"，让你的团队永远忠诚于你。

只要你演说的功夫到家，你的人生就会充满自信。世界第一名的潜能激励大师安东尼·罗宾说，人生有"三怕"，即怕火、怕高、怕上台演讲，当你能自如地面对公众进行演说时，你就会克服掉一切恐惧，你的能量、你的信心、你的魅力会瞬间爆棚。

只要你演说的功夫到家，你的人生就开始发生改变，你说话的力量就会倍增100倍以上。当你学会公众演说时，这意味着你的口才也会有质的飞跃。有口才我们才能做到能说、做到会说，别人才不会生厌，我们才能得到我们想要的结果……

根据美国最大电信公司 AT&T 和斯坦福大学共同研究的结果显示：公众

演说的能力是一个人成功最重要的能力！那些成功的领导人（企业家、宗教家和政治家）都是优秀的公众演说者。

联想集团创始人柳传志说过："光说不练假把式，光练不说傻把式，能说能练真把式。"此言可谓会"说"又会"做"而成功的企业家的夫子自道。不会演说，要获得别人的认可？难！看看马云，看看冯仑，看看潘石屹，一溜儿的明星企业家，圈内圈外，风云际会，若非出色的演说能力，哪有那么容易获得阶层的认可？会演说，别人才更愿意相信你，更愿意支持你！

大家都喜欢讨论美国总统奥巴马，为什么？因为他是一个奇迹！无论是从政治背景实力，还是财力及党内的政治威望来说，都看不出来奥巴马有任何当选的可能性。更重要的是，他还是个黑人，无论从哪一方面比，他的实力都远远不及希拉里。可就是这么一个看似与美国总统连边都不沾的人却制造出了一连串的奇迹，他竟然一路过关斩将，赢得了总统大选。更被全美国上下评为美国历史上有史以来最受欢迎的总统之一。还有更不可思议的，他更拥有超过320万美国公民共超过6.41亿美元的捐款，成为有史以来拥有最多捐款的总统，远远超过第二名数倍之多。

奥巴马到底靠什么会赢？答案是——公众演说！奥巴马的公众演说功夫太了得了！他的每一次演说都精彩至极、振奋人心。2009年2月24日，奥巴马发表了国情咨文，就是这场历时53分26秒的演说，被掌声打断了65次，其中37次是全场起立鼓掌。演说后，奥巴马的支持度由62%立刻飙升到68%。这就是公众演说的威力以及影响力！

看看那些成功的人士，他们在政治、经济、文化、宗教、科技、艺术等领域，之所以被称为成功人士甚至是伟人的人，几乎都是公众演说者。因此，要成功，我们就要先学会演说，况且公众演说是一个人成功最快速的方法！

世界上致富最关键是你说服人的速度有多快!

说服力累积到极致就会变成影响力!

影响力取决于说服力,而最极致的说服力恰恰就来自于公众演说!

所以,不会公众演说,你和你的产品注定永远都只会是个秘密!

什么是真正的演说家?

到底什么是真正的演说家?对于这个问题,每位成名的演说家都有不同的理解和定义。有的人认为,能赚取更多的钱就是真正的演说家;也有的人认为,把自己的观点或者思想传递给越来越多的人就是真正的演说家;还有的人认为,每年能进行成百上千场演说就是真正的演说家……那么,到底什么样的演说家才是真正的演说家呢?

在当今社会,成功学的流行让越来越多的人认为唯有金钱才是衡量成功的最佳标准。于是,越来越多所谓的成功人士开始用"挣数不清的钱、最快速地挣到钱"来证明自己的成功。很多演说家也开始用金钱来衡量自己的成功。为了赚钱,他们狠命地"死磕"竞争对手,狠命地压低演讲费用,甚至采取一些不光彩的手段诋毁同行和竞争对手。这样的演说家是真正的演说家吗?肯定不是!的确,我们每个人都想追求最大财富,但是我们更应该明白,我们个人的发展除了自身才能外,更多的是依赖于外部资源。如果我们摒弃了道德,只考虑自身利益,那最终的结果就是毁了自己的事业。

现在，社会上流行着一个词——"社会企业家"，什么是"社会企业家"？所谓"社会企业家"，是指那些身怀强烈社会责任感的一些人。这些人既包括为社会的可持续发展不断做出杰出贡献的企业家们，也包括热心于慈善、教育及积极关注他人发展的人。这些人有一个共同的目标——就是造福整个社会、造福更多的人。比如，受人敬仰的松下幸之助先生就是这样一位典型的"社会企业家"。他一生将财富源源不断地回馈给社会。为了方便他人，松下幸之助先生曾经大量出资在大阪附近修建了立交桥；为帮助政府振兴经济，他曾向日本政府捐出善款50亿日元；为了帮助更多人享受知识和教育，他曾捐款50亿日元设立了专项教育基金……他用自己的实际行动践行了一名伟大企业家的社会责任，为他本人以及他的企业品牌赢得了持久的影响力。无数事实证明，只有勇于承担社会责任的人，才会赢得持续的竞争优势。

真正的演说家应该是一位"社会企业家"，他们不以赚取金钱为最终目的，他们最大的理想就是帮助别人，引人向上。他们一方面把自己懂得的对别人有帮助的东西传递出去，另一方面用自己的经验、自己的成功去帮助、激励更多的人，他们一直做着功德无量的事。

陈安之在成立研究训练机构之前，安东尼·罗宾告诉他："这个世界上赚钱的行业很多，但是没有哪一个行业可以比得上帮助别人成功和帮助别人改变命运更加有价值、有意义。"从此，"以最短的时间帮助最多人成功"就成了陈安之及其机构的使命。

陈安之说："我是为了帮助别人，而不是成就自己。所以我的生命中没有竞争对手，有的只是朋友，我的目标不是超越别人，而是激励所有人，我的目标不是成为第一，而是教别人成为第一。全天下所有的人都可以上我的课程，包括同行、竞争对手，因为我的课是帮助别人，不是把别人比下去，是帮助别人提升自己最快的方法。"这才是真正的演说家！

与陈安之一样，李章珍也有着自己的使命，他的使命就是"推动个人和企业的持续精进"。他持续地帮助企业家，让他们当中越来越多的人成为超级演说家。对于青年人，他更是投入了全部的爱和精力，来帮助他们成长，引导他们向上。

自 2008 年开始，李章珍老师就专注于中国青年励志、成长、成才、成功、奋斗等素质教育的研究，他还结合自身成长经历的实战经验，形成了一套适合中国青年成长的课程系统，并不断进行推广。2009 年 3 月，李章珍老师开始在全国范围内进行"中国力量·我的奋斗我的大学"高校巡回演说，一路走来，为成千上万的大学生进行过演讲或培训，足迹遍布河北、江西等众多城市的高校。他的励志演讲，激励了一名又一名当代大学生，使他们拥有了积极向上的价值观和人生使命。很多大学生在李章珍老师励志演说的影响下，通过不断剖析自我，重新找到了目标，真正激发出了自己的潜能。

一个民族的强大，源于青年的强大，为了帮助更多青年成长，为了让中国更快成为世界第一强国，自 2009 年起，李章珍老师带领着纵力教育训练机构，为打造中国青年教育训练第一品牌一直做着不懈努力！

李章珍说："'一万年太久，只争朝夕！'喜欢这个年纪，正当年轻！喜欢这份事业，渡人成长！"就像安东尼·罗宾所说的，还有什么事业能比渡人成长、助人成功更有意义、更有价值的呢！

如何靠演说改变命运？

如何成为一名演讲家？要想成为一名演讲家，我们的成功主要依赖于两个因素：一是我们先天的素质，但这并不是决定性的因素；二是我们愿望的强度，这是决定性因素。正如哈佛大学的一位著名教授所说："对于绝大多数事情而言，你的热情是最重要的。"

一个人的愿望强度有多大，其热情程度就会有多高。如果你极其热衷于事情的结果，那么你往往就会得到这个结果——如果你强烈地想成为一个学识渊博的人，那么将来你真的会学富五车；如果你一心想成为一个对社会有用的人，那么将来有一天你真的会对社会做出巨大贡献；如果你满心里就想做一个彻头彻尾的好人，那么你将真的会成为一个好人。所以，只要你心无旁骛，精诚所至，那么，你的理想终将会变为现实。

同样，我们也可以这样说："如果你极度渴望想成为一名演讲者，那么，你终将也会实现这一目标，只要你每时每刻都这么想。"李章珍的命运之所以能够华丽"逆袭"，很重要的一点就得益于他强烈的愿望，他强烈地"想"成为一名演说家，成为一个有号召力的人。

早年的李章珍其实是一个特别内向的人，他在广州一家美容医院做院长助理，不善言谈、不善表达。因为是助理工作，有时候就要进行一些必要的发言，每到这个时候，李章珍更是觉得难熬，很多时候，他连自己的观点都表达不清。因为这个，李章珍也没少挨领导的批评。他是那样羡慕并钦佩那些侃侃而谈的人，他渴望自己能像他们一样面对着众多听众也能完整地表达自己的观点，并且随时都充满着号召力。"我一定要成为那样的人！"李章珍在心里暗暗较劲。

为了提高自己的表达能力，李章珍每天查阅大量的资料，做大量的训练。他后来回忆说："我对着大江练、对着门练、对着啤酒瓶练、对着镜子练，我把这些东西当作是面对着一群人，我反复练习，并且不断修正。"为了让自己不断进步，李章珍把挣来的钱都用来投资自己的"大脑"，不仅买来大量著名演讲家的光碟来看，他还经常买票去观看很多演说家的演讲，他反复琢磨这些成功演讲家演说的技巧，对照这些"标杆"，他不断修正自己演讲的语气、手势、表情、步法和停顿，慢慢地，李章珍的演讲底蕴越来越深厚。

在自己的演讲底蕴越来越深厚之后，李章珍把眼光"瞄准"在高校教育上，他要进行高校巡回演讲，他要用自己的演说教育和鼓励更多的青年人。2009年，李章珍进行了几十个城市的高校巡回演讲，场场精彩，场场爆满，最多的时候，他的听众有3000多人。

慢慢地，李章珍的演说越来越成功，越来越多的高校都聘请他为自信演说课程的专业教练。因为他的敬业付出，他的演讲魅力吸引了越来越多的学员，到2010年，他已在全国巡回各种课程和演讲几百场次，并被多家公司特聘为企业顾问和培训老师。也是在2010年，李章珍萌生了开办演说培训机构的想法，次年7月，他正式注册纵力公司，迎来了他事业上新的起点和高峰。

如今，李章珍带领自己的企业已经度过三载春夏秋冬，从第一期课堂上仅仅7名学员，到今天每场演说都上千人。从一个人辛苦地单打独斗，到如今已拥有一支训练有素的专业团队。他的公司从河北蔓延到山西、北京、天津、山东、河南、杭州、广州等全国各地，分公司正向全国遍地开花。

特别是从纵力教育集团成立起，李章珍心怀"推动个人与企业持续精进，矢志帮助亿万中国人建立自信，学会精英演说能力"的夙愿，凭借其震撼人心的演说和真挚的为人，已经形成了巨大的个人品牌魅力，又因他凭借演说推动了无数个人与企业持续精进，使纵力教育得到了无数人的支持与美誉。凭着持续地付出和伟大的使命感，他被人们誉为"中国演讲口才名师、演讲口才首选教练"。

当你能真正自如地站在台上进行演说时，你便打败了内心的恐惧，当你突破内心的限制，建立起强大的自信，你的人生便会得到一个飞跃，你人生很多潜能的开关从此也都会被打开。不言而喻，此时的你便拥有了改变命运的强大武器。

如何用一年时间活出别人五年时间？

李章珍于 2011 年 7 月正式注册纵力教育集团，开始专注演说培训事业，至今已安然度过了三周年，顽强地逃脱了"民企三年死亡律"，纵力教育集团的分公司正在向全国遍地开花。

当很多人瞅着赤字的培训公司发愁时，当很多人在培训行业的夹缝中寸步难行时，当很多人灰头土脸地撤出培训行业时，李章珍却恰恰相反，他尽情享用着年轻的资本，尽情享受着演说培训事业带给自己的喜悦和成功。为什么在越来越多的人都感叹培训事业难干时，李章珍却依然能将自己的培训事业做得有滋有味，做得风生水起？一点都没错，这得益于两个字：专注！3年来，李章珍只专注地做一件事——演说培训，仅此一件事！

李章珍说，锤子手机的罗永浩演说能力非常强，但他并不做演说培训；阿里巴巴的马云、万通的冯仑、奇虎360的周鸿祎等企业家的演说能力都不是一般的强，但他们都身有主业。国内的培训公司虽多如牛毛，但专做演说培训的公司并不多，"认准了演说培训这条路，专注下去，在这条路上深扎猛子，我们一定可以取得更大成功"。

专注决定深度，深度决定成功。李章珍的朋友用几个最主要的关键词替他总结了这3年："专注"、"窄众"和"深度"。在百度流传着一句印证专注精神的口号——"认准了，就去做，不跟风，不动摇"，这句口号其实也是李章珍的写照。

专注能激励我们排除各种困难，能让我们心无旁骛。因为专注，即便是在困难面前，李章珍也能坚持到底。一路走来，其中甘苦只有李章珍自己知道。第一次招生，只有7名学员，所收的费用算下来仅仅只够支付场租等费用，刨除一切成本，竟"入不敷出"。李章珍没有灰心，他坚信，"做企业，困难在前，盈利在后"。他带着信心，给这仅有的7名学员保质保量地上完了课程。他后来回忆说："当时，这7名学员在我眼里就是700名、就是7000名！就算是我的学员只有1名，我也会竭尽所能！"正是凭着这股坚持劲和负责劲，李章珍的课程受到越来越多学员的喜欢和追捧。

专注能激励我们把自己有限的注意力长时间地集中在一个领域甚至一个点上，并能激发我们用心地去寻求突破，直至成为这个领域的翘楚。因为专注，所以李章珍为了不断取得突破能精益求精。"聚焦、系统、实战"是他们的品牌要求，为了让自己超越品牌要求，李章珍每次讲完课，都要认认真真地回顾一遍，在回顾的过程中，他不断问自己："课程对别人有没有真正发挥作用？""课程中有没有质疑？如果有，我能不能给出学员更好的建议？""我能不能还可以改进得更好"……正是因为他的精益求精，才让学员切实地体会到"跟李教练学习，最受益"。

戴尔电脑公司的总裁戴尔·迈克尔说过："专注，具有神奇的力量，它是一把打开成功大门的神奇之匙，它能打开财富之门，在这把神奇之匙的协助下，我们已经打开了通往世界所有各种伟大发明和成功的秘密之门。"3年来，李章珍千百次登台，上万人受益，在演说这个狭窄的领域，他凭借着专注、专注、再专注，努力、努力、再努力，成为了行业的领导者，换来了纵力的飞速发展。著名企业家冯仑说："想在人生的路上投资并有所收益，有所回报，第一件事就是必须在一个方向上去积累，连续地正向积累比什么都重要。"唯有专注，一个人才能更专业，更有突破力。

在纵力学友圈，一直流传着这样一句话："李章珍用1年的时间活出了别人5年的时间。"其实，李章珍的一天和所有人都一样，都是24小时，和大家不一样的是，他没有太多私心，更没有太多杂念，他有的是专注的精神。当面对失败，他坚信此刻不等于未来，人生没有失败，只有暂时停止成功；当面对诱惑，他不动摇不动心，继续在自己认准的事业上稳扎稳打。他坚信，术业有专攻，坚持就是胜利；他坚信，专而倾注，只有带上专注的力量，才能行走得更远！

如何成为"总裁演说教练"？

2011 年，李章珍成立了纵力公司，短短几年的时间，他又成长为了"总裁演说教练"，这位"神奇"的演说家，是如何用短短两三年的时间完成了别人 5 年、10 年甚至几十年才能完成的事情呢？李章珍说这得益于两件事情：一是大量口碑积累；二是总裁学员数量越来越多。

自成立纵力公司以来，李章珍一直追求着"品牌"。"品牌"是什么？品牌的"品"字是由 3 个"口"组成，当一个口生成两个口，两个口生成三个口，三个口就成了品牌。可见，品牌的实质就是人们的口碑。当一个事物的口碑通过口口相传，而一传十、十传百、百传千、千传万，再由万一直传到无穷的时候，那么这个事物就成了品牌。所谓"金杯、银杯不如口碑"正道出了品牌的实质。

正因为深知口碑是品牌的形成之道，李章珍在成立公司之初，就树立了要坚决做成品牌的决心。那么，他又是怎么做的，从而形成了口口相传的口碑的？

老子在《道德经》中大论真善美，其实李章珍的口碑就来源于这最重要的三个方面。事实上，无论是任何一个企业还是个人，真善美都是口碑的基础，都是形成品牌的基础。

"真"是什么？就是有真本事、真功夫，不弄虚作假，不作秀。李章珍教练有着多年演说的丰富经验，同时，他是纵力教育集团董事长、首席导师，也是纵力演说家商学院、纵力企业商学院的创办人，天罗地网品牌营销策划机构总经理，拥有多重身份的他，也给每一次演说课程带来了更多实战、实用的内容。

《超级演说家》的震撼播映，在全国掀起了一股"全民口才热"，一时间，"口才"、"演讲"等词成了街头巷尾谈论的热点。正在此时，纵力教育影响"全民口才"热潮，重磅推出《演说家擂台赛》。它少了娱乐作秀，多了实在、实战的内容，在全民演说的热潮下迅速风靡全国，风头丝毫不逊《超级演说家》。

为了切实保证学员学习的吸纳力，李章珍带领团队做足创新课，完全突破了传统的讲师在台上讲、学生在台下听的教学模式，以全新的擂台 PK 模式来激发学员的竞争力，从而提高学习的吸纳力。和以创意取胜的《超级演说家》一样，《演说家擂台赛》是目前中国唯一一个把课程做成大赛，又把大赛变成课程的演讲培训机构！一经推出，不仅震动了整个培训界，更迅速风靡全国。给纵力公司带来了又一次口碑和高度认可度。

"在纵力教育，真正的是在实战中改变、成长。没有花拳绣腿，全是真格的训练，各种各样的互动训练、小组训练应有尽有，训练得越多、掌握得越快、学得越牢。纵力给了我不一样的体验，终身受益。"很多参加过培训的学友都激动地如是说。短短几年，纵力教育迅速发展壮大，正得益于广大学友的支持与口口相传。

善是什么？善就是一个人或一个企业的价值观，是构成品牌的灵魂。一个企业只有处理好"义"与"利"的关系，把履行责任作为终极目标，才能真正成就口口相传。

李章珍用"善"让演说的价值不断放大，引发了学员们由衷的认同。在演说中，李章珍老师常将纵力教育企业文化中的"造福他人"、"演说必须利他"、"尽孝与行善不能等"等核心价值观分享给大家，他不断告诉学员，不管是做人还是沟通交流，焦点应该是"利众"。参加过纵力口才培训的很多学友感慨："李章珍教练的演说让自己的心灵受到洗礼，思想得到了重生，有些理念可能不会立刻给自己带来多大利益，但对个人修炼、对自己的成长都是不可或缺的。"

美即是真与善的最终表现形式，有了真和善，人们的理念和行为自然就会表现出美的一面，自然就能得到别人发自内心的认可，其产品自然能赢得众人口碑。

此外，总裁学员数量越来越多，对李章珍做一名更好的"总裁演说教练"又是一个重要激励，看到越来越多的总裁学员相信自己，李章珍告诉自己唯有更努力、更精益求精才能不辜负学员们的信任。正是凭着这样的理念，李章珍在用演说渡人成长的这条路上越走越宽。

如何掌握成为演说家的步骤？

人人都想成为演说家，那么，要想成为演说家，我们可以通过哪些步骤来有序锻炼自己呢？

1. 树立信心

卡耐基说，你的行动取决于你愿望的强度，如果你的愿望苍白无力，那么，你的成绩将永远不会有起色。相反，如果你充满信心，持之以恒地为目标奋斗不息，那么，世上就再也没有什么能够阻碍奔跑。

在所有的学习中，"走火"是一项压迫心理极限的极端体验，这让陈安之毕生铭刻于心。十几米长的地上铺着烧得旺旺的木炭，炭火上方铺着一块被火烤得很烫的铁板，参加考验的人必须脱掉鞋袜，赤着脚从铁板上走过去，否则就是失败。烈火、铁板、赤脚……想想都让人心里觉得恐惧。

陈安之也是害怕至极，他一次次在心里打着退堂鼓，当轮到自己的时候，他也是迟迟不见行动。当被一群美国女学员嘲笑时，他才抱着"豁出去"的心态冲入火阵中。他快速跑了过去，居然没受一点伤，这下，他不怕了。他要求再走一次！就这样接连走了好几次，陈安之都安然无恙，看得其他学员瞠目结舌。

这时，他们的助教说话了，他说："很多事情看起来非常困难，困难到几乎不可能完成，可是一旦你下定决心，坚信你能完成时，它立刻就变得简单了。"的确，当我们树立了信心，下定"豁出去"的决心，那我们的心里就不会再有恐惧。当我们的心不再害怕时，我们便有了勇往直前的力量。

2. 找到教练

教练的级别决定了选手的水准，要想成为最好的选手，就必须选择最优秀的教练。一名优秀的教练在教练过程中所承担的角色，被形象地称为"镜子"和"指南针"。

好的教练就犹如一面会说话的镜子，以中立的身份辅以技巧来反映真相，反映出你当下的状态。一方面，让受教练者看清自己的位置；另一方面，教练可以有目的、有针对性地去改善受教练者，帮助人们以最佳状态去实现目标。

好的教练就犹如指南针，让受教练者更加清晰地认清自己的真正目的。在这个过程中，好的教练不会代替被教练者拟订任何计划，他们只会激励学员自己去寻找适合自己的方法，因为他们明白，"授人以鱼"只解一时之忧，"授人以渔"则解一生之需。

3. 大量练习

练习！练习！再练习！大量练习是克服恐惧和紧张最最有效的办法。练习也是演讲中培养自信首要的、最终的、永远灵验的方法。学习游泳最好的方法是什么？就是亲自下到水里。学习演讲最好的方法是什么？就是去讲！

只要有时间，我们不妨选择一个自己喜欢而且有所了解的主题，组织一个几分钟的演讲，然后反复地练习。只要你愿意，我们可以抓住每一次能登台演说的机会，然后竭尽所能地展示你的才华。

4. 大量上台

对于演说者而言，没有任何方法可以替代上台所发挥出的作用。一位成功的演说家说，上台训练口才一次，相当于在台下训练 60 次，足可见上台的重要性。

不过，对于很多人而言，上台紧张是不可避免，也是最让人头疼的事情。当自己在台上紧张时，怎么办呢？有两招屡试不爽。

第一招是深呼吸。深呼吸的主要作用是给大脑补氧，大脑不缺氧，我们的状态就能放松很多。你有没有留意到，现在特别火的两档节目《我是歌手》和《中国好歌曲》，那些歌手一上场都是先来几下深呼吸，再向乐队点头示意开始，这即是在缓解自己的紧张情绪。

第二招是握拳、放松、握拳、放松，如此重复几次。因为在握拳、放松的过程中，我们可以刺激到手心的劳宫穴，刺激这个穴位有利于迅速给心脏补血，心脏内血液充分了，自然不会缺氧，我们就会慢慢放轻松。

5. 不断修正

要成为演说家并不是一条平坦的大道，而是一个不断修正的过程。对于演说者尤其是初学演说者，不管是在演说内容、演说语言、肢体语言以及与听众的交流互动上，都会存在缺陷，只有对照成功的演说家不断修正自己，我们才能不断改进，让自己变得优秀。

东芝公司前任总经理土光敏夫曾经说过："一个企业，它的技术力量无论多么雄厚，相对于世界技术的大系统来说，也仅仅是汪洋大海中的一滴水。如果一个人或一个企业故步自封，那么这个人或企业肯定会吃亏。所以，我们必须以一流为标杆，不断学习、不断修正自己。"诚如斯言！演讲也只有不断修正，才能取得更好成绩。

第三章 演说领导力系统：不会演说就不会带人，便会一直自己干

沟通是团队的领导与管理的根本

《孙子兵法》最著名的《谋攻篇》中说："上下同欲者胜。"意思是说，军队作战上下同心，才能取得胜利。在管理中也是如此，领导者只有引导员工上下同心，企业才能攻无不克、战无不胜。管理者如何激发员工做到"上下同欲"？最简单的也是最有效的方法就是两个字——沟通。为什么说最有效的方法是沟通？因为在现代企业管理中，管理的核心和根本就是沟通，管理的问题和难题也就是沟通的问题和难度。美国通用电气公司前任总裁杰克·韦尔奇说："管理就是沟通、沟通、再沟通。"

一位著名的企业家也说过，企业 70% 的问题都是因无效沟通引起。可见，管理者解决了沟通问题，就等于抓住了管理的根本和核心。

有效沟通的过程实际上就是导之于言而施之于行的过程，要做到与员工

的有效沟通，"说"的能力是必备条件。任何一名管理者要想带好人，都离不开"说"，讲话贯穿于管理的始终。离开了讲话，管理活动无法进行，一名不善讲话的管理者也不可能实现有效管理。

管理者讲话主要有两个类型，一个类型是演讲，另一个类型是谈话。我们在这里主要谈第一个类型——演讲。

演讲即当众讲话，当众讲话是领导和管理工作的重要组成部分。管理者要实施有效管理，当众讲话是一个重要手段。在管理中，不管是进行产品宣讲，还是对全体员工进行一次深刻的思想教育，抑或对外进行企业宣传等，都离不开演讲，离不开卓越的口才。一名口才一流的管理者，总能清晰地传达出自己的意思，他们生动风趣、机智幽默的演说，总能感召、鼓动群众情绪，他们能在"润物细无声"里达到管理目的，使组织内的人际关系和谐并干劲十足。因此，管理者要想构建自己的领导力系统，就必须要具备演说的能力。就像杰克·韦尔奇说的："要想成为一名优秀的管理者，就要始终把口才放在第一位。"

那么，管理者如何提升自己的演讲能力，从而保证其沟通畅通无阻呢？

1. 找到自己语病百出的真正原因

很多管理者在进行演说的时候，总是语病百出，要谈顺利沟通，难！这个时候，管理者第一位要做的就是找到自己语病百出的真正原因。造成语病的原因是多种多样的，比如有些管理者平时说话比较流利，一到公众演讲就结结巴巴，这和心理紧张有直接关系；有些管理者想要说的和说出口的总是不一致，这和管理者自身语言组织能力比较差有关系；还有些管理者自身方言很重，别人对其讲的内容很难听懂或者根本听不懂，大家可根据造成自身语病的不同原因，有针对性地改进。

2. 演讲之前做好充分准备

在演讲之前管理者应该弄清听众是谁、演讲的重点是什么、演讲内容的主次应该怎样安排等问题，从而做到心中有数、有条不紊。许多管理者在演说前，没有早做准备的习惯，结果所讲的内容没重点、没主次轻重、不分对象，全篇演讲要么是在乱打机关枪，要么就是"东一榔头、西一棒子"，记住，你的上司根本没时间听你信口开河，你的员工更没有耐心去听你不靠谱的说辞，他们都认为你糟糕的演讲是在浪费他们的时间。因此，管理者在讲话前必须要有所准备，这样可以避免在演讲时"胡子眉毛一把抓"。

如有必要，管理者还可以将演讲过程提前"预演"一遍，乔布斯每一场演讲都能打动听众，就是因为他善用"预演"手段，让自己的演讲变得无可挑剔。

3. "看人下菜碟"

很多时候，演讲发挥不了作用，是因为管理者没有做到因人而讲。因为学历的不同、资历的不同、经历的不同，每个人的理解力就不同。管理者演讲所面临的人群——对上有高层领导，对下有新进的员工，这些人在学历、资历以及理解力上的区别，直接决定了管理者在演讲时要做到"区别对待，看人下菜"。比如，在面对更高层的领导时，管理者演讲中的很多概念或许根本不用解释，因为大家心知肚明。但当管理者面对自己的员工时，管理者就必须想办法让这些通俗易懂化，否则，员工听得模棱两可，这势必会使双方的沟通大打折扣。

总之，沟通作为管理活动和管理行为的重要组成部分，是管理者进行领导和管理的根本，是构建管理者领导力的重要一环，拥有良好的口才，是保障沟通顺畅有效的第一步。因此，管理者必须要有意识地不断提高自己的演说能力。当然，管理者也要明白，提高演说能力，绝非一朝一夕之事，这需要管理者在工作和生活中不断积累和训练。

优秀的领导者都是沟通高手、都是演说家

管理学大师斯蒂芬·P. 罗宾斯说过："所有管理者都希望他们的员工付出最大的工作努力，这就应该调整自己的实践以满足员工的需求和愿望。要知道，最好的想法、最有创见的建议、最优秀的计划，不通过沟通都无法实现。"因此，对于任何一名管理者来说，沟通都是最有效"武器"。

事实也是如此，那些优秀的领导者，无一不是沟通高手。无论是启发员工工作热情，还是向员工传达自己的意愿，优秀的领导总能把事情描述得很清晰，他们往往拥有优秀的表达力，甚至是演说家的口才，你很快就会抓住他们讲话的主旨，并正确地开展工作。

近年来，在管理界，领导力越来越成为人们关注的话题。管理者们都在议论推动企业发展最伟大的力量到底是什么？是管理者伟大的领导力！俗话说："村看村，户看户，群众看干部！"一个领导力卓越的管理者，更容易带出具有卓越能力的员工。因此，卓越的领导力才是企业基业长青的根本。

卓越领导力的组成部分有很多，口才便是其重要组成部分之一，其中

口才中的演讲力也是领导力的重要组成部分。可以说，演讲力就是一种领导力。

马云，已经成为卓越领导力的一个符号。马云练就卓越领导力的一个很关键的因素，就是他非常重视和员工的沟通，并且他的沟通方式也是多种多样。他经常开会，经常演讲。有对全体员工的演讲，也有对部分员工进行的讲话；他时刻关注着员工们的心理变化，并不断用充满"蛊惑力"的语言把自己激动人心的想法告知员工，让大家始终记住公司的宗旨，始终保持前进的斗志；在成绩面前，他又抛出一系列发人深省的演说，让大家不自大不自满，让大家收心经得住诱惑；当大家面对失败与挫折而沮丧时，马云又适时地抛出关于创业失败和挫折的精彩演说，让大家坚持坚持再坚持，并满怀信心地继续上路；更在关键的时候，他让大家做好变革的准备。在阿里巴巴，员工们有一种被重视感，有了想法，他们可以被领导倾听，有了心理包袱，他们随时都可以得到领导鼓励与疏导，在这里，他们觉得比任何一家企业更能安心工作。

阿里巴巴的一位元老这样评价马云："他身上散发着某种能量，让人愿意和他在一起待着。什么难事经他一说，我们心里都会变得亮堂起来。"这就是会演讲的魅力！

在当下，演讲越来越被人们重视，在管理者的选用程序中，常常出现竞聘演讲这一环节，这考验的就是管理者当众讲话的能力。在这个关键的环节里，很多人敢讲、能讲、擅讲，能够在讲的过程中抓住听众的心，从而在听众中产生影响力，最终脱颖而出，顺利走上管理岗位。然而，很多人却因为在竞聘演讲中抓不住听众的心，失去听众对自己的支持，以致与期待已久的职位失之交臂。可见，当众讲话的能力应该是管理者迫切需要掌握的。

我们常说：是人才不一定有口才，有口才就一定是人才。作为管理者，我们常眼馋别人的演说能获得振臂一呼，应者云集的效果，我们常羡慕别人当众讲话时取得的影响力。其实，临渊羡鱼不如退而结网，管理者要提高自己的领导力和影响力，就一定要不断提升自己的口才，从而让下属和群众信服、敬佩，为自己领导职能的执行提供更有利的基础。

如何用演说激励团队、打造团队？

有梦想和好的想法非常重要，但是对于领导者来说，有梦想和好的想法还不够，重要的是领导者还必须要有与员工沟通这个梦想，激励员工为这个梦想而兴奋，并加入到实现这个梦想的行动中来。换句话说，作为一名领导者，你应该具有把你自己的梦想变成大家的梦想的能力，更进一步说，你应该具备用你自己的梦想去感染下属、说服下属的能力。

任何一名领导都希望自己有一支团结的、作战能力强并与自己有着共同梦想的团队，如果自己的团队成员都能认同自己的梦想，他们才愿意自动自发地为实现这个梦想而奋斗。所以，领导者不仅自身要对梦想充满激情，还要以积极的态度唤起追随者的信心和热情，让他们成为自己的追随者。

当然，获得一支团结的、作战能力强的并与自己有着共同梦想的团队方法有很多，演讲就是其一。作为一名团队的领导者，在自己的团队遇到挫折或者困难的时候，如果能成功运用演讲给予员工鼓励，那么团队的士气就会上来，并能继续为你的梦想奋斗。否则，你的团队很快就会垮下去。

创业初期，马云心里非常明白他要做什么事情。1999 年，马云明确提出自己的创业目标——要成为世界十大网站之一，只要是商人就一定要用阿里巴巴。在目标确定之初的前几年，他们并不被人看好，甚至还遭受到很多人的质疑。面对这些质疑，公司上下不免有人开始担心，此时，马云站出来，用激昂的演说告诉他们："我们在打地基，至于要盖什么样的楼，图纸没有公布过，但有些人已经在评论我们的房子怎么不好看。有些公司的房子的确很好看，但地基不稳，一有大风就倒了……"在马云的鼓励下，阿里巴巴的成员又满怀信心地上路了。

在实现目标的过程中，挫折与困难接踵而来，为了激励自己的团队，马云一次次地站在台上演说，在困难面前，他从没有抱怨，他更乐于和员工们一起讲述的是阿里巴巴活得不错。他说："每次打击只要你扛过来，你就会变得更加坚强。""一个人抗打击能力强了，真正的信心也就有了。我最欣赏丘吉尔先生对遭受重创的英国公众讲的话：'Never never never give up！'（绝不绝不绝不放弃！）"这就是马云和他团队的坚持坚持再坚持。因为有这样一个明确的目标，因为有一个伟大的梦想，所以在他遭遇到任何挫折与困难的时候，他都能带领自己的团队坚持住、挺住、死扛住。

任何一个组织的发展都难免遭遇挫折，当组织面对重大挫折时，优秀领导者的演说总会让大家从危机中看到转机、看到生机。2008 年，在全球性经济衰退愈演愈烈，全球经济寒冬来袭之时，眼睛比鹰犀利、鼻子比犬灵敏的马云深切感受到了事情的严重性——阿里巴巴的"冬天"也要来临了！他的第一念头就是：过冬！2008 年 7 月，马云通过一篇题为《冬天的使命》的内部邮件，正式呼吁阿里巴巴全体员工准备"过冬"！伴随着经济危机愈演愈烈，外界对阿里巴巴很担心，洞若观火的马云依然自信："阿里巴巴已经提前做好了过冬的准备，我们不缺现金。冬天时做好储备，春天到来时就该出发了！"

2008年11月11日，马云就这场世界性的金融风暴在集团内部会议上又给员工们进行了如下激励人心的演讲："我相信在座的所有阿里人都非常关注今天的金融形势和经济形势，我也相信很多人都在关注我们的股票。为什么我们不回购股票，为什么在这样的经济形势下还在不断做投资，我们到底想干什么？世界经济形势到底什么时候会恶化？金融局面什么时候会恶化？今天我想跟大家做一个分享。首先我想告诉大家，世界金融危机最黑暗的时候我认为已经过去了。最最黑暗的时候在今年2月份形成了，在奥运会之前六、七月份是最黑暗的时刻，就像狂风暴雨一样，在大风暴来之前天是最黑暗的，但是风暴一旦过去，天就渐渐变亮。"

马云的这场激情澎湃的演讲，让大家彷徨的心轻松了不少。在经济危机严重充斥着国内市场、很多企业都惶惶不安时，马云的自信与淡定，给了员工们冲破暴风雨的巨大信心。

远大空调总裁张跃说："价值观与制度决定了企业成败。"当组织内成员的价值观与组织的价值观背道而驰时，组织就会走下坡之路。因此，当有人违背组织的价值观时，领导者决不能姑息。在阿里巴巴，什么都可以谈，唯独价值观不能谈。阿里巴巴的价值观实际就是"六脉神剑"文化。马云说："'六脉神剑'即：第一，客户第一，关注客户的关注点，帮助客户成长；第二，团队合作，共享共担，以小我完成大我；第三，拥抱变化，突破自我，迎接变化；第四，诚信，诚实正直，信守承诺；第五，热情，永不言弃，乐观向上；第六，敬业，以专业的态度和平常的心态做非凡的事情。"在阿里巴巴，谁要违背了公司价值观，马云会毫不犹豫地请其离开。他说："如果你认为我们是疯子，请你离开；如果你专等上市，请你离开；如果你带着不利于公司的个人目的，请你离开；如果你心浮气躁，请你离开。"

正是在这样的价值观下，阿里巴巴吸引了大批人才，他们在马云的麾下为公司的发展共同努力，为公司的壮大尽心尽力。

每个管理者都有自己的梦想，如何用这个梦想去激励自己的团队呢？唐纳德·特朗普曾经说过："如果你没有口才，你就没有能量；如果你没有能量，你就一无所有。"一切都始于你精彩的演说。当你用演说描绘一个更加有意义的世界、一个你的员工能够和你一起创造的世界时，他们的热情一定会被你点燃，并渴望和你一起奋战。

有一点需要强调，管理者通过适时演说，有利于坚定团队的意志，增强团队实现共同梦想的信心，但因为大的梦想蓝图是由很多小的子目标共同组成，如果管理者能将笼统的大梦想蓝图分解为多个具体的、精确的小目标，梦想的激励作用会更加显现。在实现了一个小目标之后，员工们就会及时地得到一个正面激励，这会增强我们追求下一个目标的信心。当然，这一个小目标的实现依然离不开管理者精彩的演说。

总之，用演说的力量去激励团队，应该是随时随地的事，只要领导者觉得有需要，都可借助演说来打造团队，领导者应该站出来鼓舞士气、佐证错误，让团队在充满正能量的、正确的轨道上运行。

领导不等于管制，需要的是团队成员的认可

《邓小平文选》中有句话说："有了理想，还要有纪律才能实现。纪律和自由是对立统一的关系，两者是不可分的，缺一不可。我们这么大一个国家，怎样才能团结起来、组织起来呢？一靠理想，二靠纪律。"此话对企业的运营同样具有指导意义。任何企业要进行有效的管理，都离不开制度。

制度是企业的行为准则和有序化运行的体制框架。无规矩不成方圆，制度保证了内部员工的行为规范，并成为员工落实执行力的保障。制度管理固然非常重要，但制度并不足以解决所有问题。就像法律制度并不能完全禁止人们犯错误一样。那如何才能保证我们的管理更有效？邓小平在说组织要团结、要靠制度之前，还说了最重要的一点，那就是靠理想。

理想是什么？对于一个组织来说，理想就是这个企业的价值观。每个组织都有自己的价值理念，研究表明，成员不认同组织的价值观，对工作的满意度就低，他们更倾向于离开。杰克·韦尔奇自担任通用汽车的首席执行官以来，每年都要花费超过80%的时间来培训新员工，他首先强调的就是员工对企业价值观的认同。

在拉丁语中，"价值观是力量的来源，因为它能赋予人有力量采取行动"。组织价值观中包含的价值理想，赋予了组织成员以神圣感和使命感，并鼓舞他们为崇高的信念而奋斗。在一家企业中，员工如果认同企业的价值观，他们更愿意主动为企业的发展而努力，他们更愿意自发地充当企业业绩

的发动机。在一个组织内，成员若认同组织的价值观，可以催生成员对工作的自豪感和对组织的自豪感，促使他们自发地把自我感情与组织整体融合起来，从而使组织内部生发出强大的向心力，使组织发挥出巨大的整体效应。

领导不等于管制，制度不能解决所有问题！所谓"上有政策，下有对策"，即说明了管理者在利用制度进行管理时的缺陷。要解决制度不能解决的问题，关键是要让团队成员认可组织的价值观。价值观只有通过每一个组织成员的身体力行才能体现出来。如果得不到成员的认同，再好的价值观理念也不过是永远成为一个口号而已，根本起不到任何作用。那么，管理者可以采取哪些途径，让组织的价值观更快渗入成员的内心呢？

1. 让员工"感受得到"

如何让成员感受到组织的价值观？很重要的一点就是管理者的宣讲。管理者可定期采用演讲的形式，向大家传输价值观，也可通过先进人物的演讲来宣传组织价值观，使组织成员在潜移默化中影响自己的思维和价值取向，以自觉规范自己的思想与行为。

2. 宣讲组织的"闪光点"

每个人都希望自己的组织有值得自豪的地方，每个人都喜欢在别人面前眉飞色舞地宣讲自己的组织如何如何优秀，当成员在向别人介绍自己的组织，并深深地为自己的组织感到无比兴奋时，可以说这个成员的价值观和公司的价值观已经彻底融为了一体。这种感情的交融，这种因组织而生发出的自豪感，可以极大地促进组织成员的工作热情，并让他们觉得在这样的组织中工作是他们极大的荣幸。因此，管理者可多多宣传自己组织令人骄傲的地方，促使组织成员的价值观和整体组织的价值观保持一致。

总之，只有当成员与组织的价值观保持一致并完全融为一体的时候，成员的潜能才会发挥到最大，才能为组织创造更多价值。

演说语言的魔力──永远要求高度的团队凝聚力

任何一个组织，任何一项事业，都离不开领导的统率，组织内的成员也只有在领导的统率下，才能拧成一股绳，才能心往一处用，劲往一块使。在战场上，起决定作用的是统帅，在管理中，领导者就像是战场上的统帅，他们是凝聚团队的核心人物，是激励手下的关键人物，也是决定事业成败的关键因素。

要完成统帅任务，要凝聚人心，离不开管理者"说"的能力。其中，当众讲话即演讲是凝聚人心的有效手段。领导者演说的慷慨激昂，能促成外引内联，使组织更强大；领导者演说得体，言之有理、言之有物，会使权威自立，使组织内上下一心。几乎所有的领导活动都离不开当众讲话，讲话讲得成功与否，直接决定了领导行为的有效与否。现在是，过去也是。

在过去的革命战争年代，文盲多，很多领导也是文盲，我们看电视剧《亮剑》，故事很真实，八路军团长李云龙大字不识几个，发文件他也看不懂，手底下有几千人，如何带队伍？如何对这么多人展开思想教育？只有一条路──那就是讲话。若讲得好，大家明白了，心里敞亮了，大家还是一个战壕里的兄弟，还是愿意死心塌地跟着你。在今天，领导也是如此，一句话演讲得好，大家可以冰释前嫌，化敌为友，组织里的人际关系可以更和谐；组织里遇到挫折，领导者振臂一呼，讲出大家的信心，讲出大家的热情，全体成员其利断金，困难迎刃而解。

俗话说"为官须练嘴上功"，要想团队有高度的凝聚力，领导者必须要训练一副好口才，做到不仅能说，还要会说。那么，作为领导者，怎样才算是会说呢？

著名领导力训练专家谭小芳老师说："领导干部'好口才'有低、中、高三重标准。就低标准来说，不说套话、空话，言之有物，是低层级的'会说话'；能灵活、流畅、机智地现场应答，有效说服听众，是中层次的'会说话'；能吸引、控制、激发他们的追随者，具有超凡说话魅力的领导，才是高层次的'会说话'。"

谭小芳老师所说的能吸引、控制、激发他们的追随者换句话说就是永远能保持着团队的高度凝聚力。优秀的领导者总能发挥演讲语言的魔力，把他们的员工紧紧凝聚在一起。乔布斯就是这样一位优秀的领导者。

著名沟通传播大师卡迈恩·加洛在其著作《乔布斯的魔力演讲》中写到："自从乔布斯21岁和朋友共同创建了苹果公司，乔布斯就痴迷于个人电脑将改变社会、教育和娱乐方式的愿景。乔布斯的内心被一种救世主般的改变世界的使命感所驱使，他认为'活着就是为了改变世界'。这种极具感染力的使命感染着乔布斯身边的每一个人，使每一次的演讲现场都令人心潮澎湃。"

为了更好地感染身边的每一个人，乔布斯把这个宏大却又简单得惊人的理念：让世界更加美好，灌注到他的每一场演讲当中，他让他的程序员们也相信，他们在一起就是为了改变世界，就是为了让人们的生活更加美好。乔布斯说："在苹果公司，员工们都像精神病一样疯狂工作，把我们凝聚在一起的，是我们能够制造一些产品来改变世界。最让人高兴的是，在这个惊人理念的召唤下，我们感觉是在集体创作艺术品。"

聪明的追随者为什么永久的追随你？是因为他们看中的恰恰是你言语中流露出的雄心壮志。所以，领导者必须要具备演说的能力，以获得无数忠心耿耿的追随者。

戴尔·卡耐基说："做领导的必要素质是能够站出来说出自己的想法。"在微软，学会准确地表达自己，是一件非常重要的事情。微软公司为其员工提供为期两天的提高演讲能力的专门脱产培训，他们称为"演讲的力量"，所有员工都可以参加。而微软的高级领导者都必须经过专门的演讲能力训练才算胜任。

总之，领导＝70％口才＋30％管理，优秀的领导者若具备良好口才与演讲能力，便可用得体而温暖的语言去感召组织中的每一位成员，在"润物细无声"里达到管理的目的。而这种借助口才与演讲能力的巧妙管理，会让管理者与被管理者之间的人际关系变得更融洽，继而为组织内的每一个人创造利于工作的良好的人际环境。而这种和谐的人际环境，又能动地反作用于人的工作积极性，促进人的主人翁意识，增强组织的凝聚力。如此良性循环的管理，是每一名领导者梦寐以求的。

士气高涨的秘密——激情高涨而自信的演说

19 世纪德国著名哲学家弗里德里希·威廉·尼采有句名言："对语言的理解不仅仅限于词句，而是连同语句的声音、强度、变化、速度一并表达出来——简而言之，就是言语背后的音乐，就是发自内心的激情。"将激情注入演说中去，演说者将乐在其中，听者也会大受鼓舞。

IBM 公司的人力资源部部长曾说："从人力资源的角度而言，我们希望招到的员工都是一些对工作充满激情的人。这种人尽管对行业涉猎不深，年纪也不大，但是，他们一旦投入工作之中，所有工作中的难题也就不能称为难题了，因为这种激情激发了他们身上的每一个钻研细胞。另外，他周围的同事也会受到他的感染，从而产生出对待工作的激情。"好的领导者必须要做到把激情传递给你的成员。

在中国，古代先贤早就认识到了"激情"的重要性。只不过那个时候，他们并不将其称为激情，而是称为"士气鼓舞"。《左传》有云："一鼓作气，再而衰，三而竭。"这里所说的"气"就是指"士气"。据《尚书》记载，商汤、周武王在带兵作战之前，都要举行誓师动员大会，目的就是鼓舞士气。在儒家的兵学经典《司马法》中还提出了很多提高士气的方法。此外，中国古代兵家还有"励气"之说，同样也是在强调激励军心士气对战争取胜的重要性。我国古代很多兵家指出，在两军兵力差不多的时候，兵力的强弱并不是制胜的绝对因素，而是要靠"士气"取胜，正所谓"士气高者，以一当十"。因此，古往今来，大凡领导者，都要有鼓舞士气的口才。

《周易·泰》中有"无平不陂，无往不复"，意思是说，没有任何事情是始终平直而不遇险阻的，也没有什么任何事情是完全可以始终直线向前而不遭遇折回反复的。对团队来说，也是如此，总会遭遇这样那样的危机和困难。在这个时候，团队内的士气最容易涣散，人的斗志最容易崩溃，这时候就需要领导者来凝聚他们，重燃他们的激情，让他们于困难中看到希望。

第二次世界大战期间，面对希特勒疯狂进攻，英国节节败退，士兵士气低沉，人心彷徨。此时的英国首相丘吉尔觉得要挽救国家的命运，非常有必要做一场演讲来激励战士们的士气。

丘吉尔戴着草帽，拄着拐杖，慢慢走向讲台。他先把草帽放在讲台上，然后用锐利的目光从左到右横扫了一次整个军营，用最响亮的声音说："永不放弃！"然后又从左到右横扫了一次整个军营，依然用最响亮最坚定的声音说："永不放弃！"当时整个军营鸦雀无声，人们都屏息听着丘吉尔的演讲。然后他又从左到右横扫了一次整个军营，用比之前更响亮更坚定的声音说："永不放弃，永不放弃，永不放弃，永不放弃！"整个军营都兴奋起来，士兵们的欢呼声淹没了整个军营，士兵间的相互拥抱淹没了整个军营。此后英国士兵连连打败希特勒的进攻。这就是丘吉尔最著名的演讲，也是世界上最短的最震撼的演讲。

丘吉尔是一个习惯大风大浪，并且在困境中"泡"大的人，对于他来说，当面对希特勒疯狂的进攻时，他或许能做到临危不惧。但对于那些普通得不能再普通的士兵来说，他们却没有那种在危险与失败面前永不低头的勇气。此时，就需要领导者来为他们鼓劲了。丘吉尔正是深谙此道之人。

一名优秀的领导者常常是一名擅长演说的天才，当组织需要，他们能不失时机地发表演说，用演说去千方百计地调动士兵的斗志，激发大家作战的热情。他们的激情言语，常常能抓住成员们的心，引起大家的共鸣，即使是最怯懦的士兵，也常常会因为他们激情澎湃的语言变得毫无畏惧，即使是最恐惧的士兵也会因他们的鼓舞变得坚强，他们那出色的演说抵得上一个军团！

管理者不会演说，在员工士气受影响时，就没办法把自己的思想注入全体员工的心中，团队就会成为一盘散沙！对于组织而言，就失去了发展的动力。而一个士气高涨的团队就像是组织的发动机，能给组织注入不断向前的动力。让高涨的士气在团队内不断传播是一名领导者的重要职责，也是领导者成功的秘诀。对优秀的领导者来说，衡量他是不是把自己的团队带领好了，一个极为重要的指标就是，他能否让整个团队的成员团结一致，斗志昂扬地去做事。

演说语言与暗示——让团队成员在激励与压力中共舞

暗示是影响人们潜意识的一种最有效的方式。暗示作用超出了人们自身的控制能力，它往往会使他人不自觉地按照一定的方式来行动，或者促使人们去接受一定的信念和意见。语言就具有很强的暗示作用。

某公司聘请了一位销售经理，与前任销售经理不同的是，这位经理每天早晨都要组织部门员工进行晨会，并要求所有员工在晨会上齐声高叫："我觉得很愉快！我觉得很舒适！我觉得大有作为！"接着，大家便互相拍掌微笑，祝贺一天都有好运气，然后再各自开工。说来也奇怪，在公司里，这个部门的每位员工每月完成的销售额都高得惊人。

这位销售经理的聪明之处就在于他善用语言的暗示效应。所有员工在晨会的过程中，都能通过积极的语言暗示来鼓励自己一天的工作，是他们在无形中觉得自己确实很棒，这对他们取得骄人的业绩起到了很重要的促进作用。

一般来说，演说语言具有很强的"鼓动性"、"煽动性"和"蛊惑性"，从暗示的角度来说，领导者们充满正能量的演说对团队成员来说就是积极的暗示。科学家们对那些成就非凡的人做过很多研究，研究结果表明，这些成就非凡的人在关键时刻都能进行积极的暗示，这些积极的暗示能增强他们的信心，帮助他们战胜了无数困难，从而获得了成功。

在管理中，演说语言积极的暗示与一个管理词汇——愿景有着异曲同工之妙。愿景是什么？简单来说，愿景就是管理者用语言描述的浓缩的"企业蓝图"。在西方的管理学著作中，大部分杰出的企业家都强调愿景的重要性，他们认为愿景可以令人振奋，可以不断激发员工的潜能，增加组织生产力。一个组织拥有了愿景，更能让团队成员对未来充满信心，他们更愿意为企业奋斗不止。创新工场董事长兼首席执行官李开复在苹果公司任职时，就很好地做到了描述愿景去激励员工。

李开复这样描述自己的那段经历："我在苹果公司工作的时候，曾向公司领导建议，从不同部门调集多媒体及相关技术的精英，组成一个新的团队，研发一系列极有潜力的多媒体产品。当时，公司的资深副总裁批准了我的请求，并要求我的主管副总裁帮助我抽调人员，组建这个团队。但主管副总裁担心新产品的风险较大，他一方面要求相关人员必须亲自表达意愿才可以加入我的新团队，另一方面又告诫大家我要研发的新产品有不小的风险，希望大家慎重选择。依照他的意思，我们只要做一个问卷调查，看看 60 多位技术人员中有多少人甘冒风险就可以了。而当时，在公司年年裁员的压力下，如果采用他的方法，这个新团队的计划就无法实现。"

在这样的情况下，李开复决定利用愿景并进行一次演说来激励这些工程师与科学家。他找来这 60 多位技术人员，用充满激情的语言描述了未来互联网与多媒体相结合之后，相关新技术和新应用的巨大发展空间。"我与他们分享了我关于新产品的规划和设计，以及我为新的产品部门制定的美好愿景。"并启发这些人去想象他们的潜力将会如何因这样美好的愿景而得到更充分发挥。"最后，我给所有人念了美国诗人罗伯特·弗罗斯特的一首诗《未选择的路》。全诗的最后几句深深地打动了大家：一片树林里分出两条路，而我选了人迹更少的一条，从此决定了我一生的道路。我对他们说：'这条路没有人走过，但是我们恰恰应该为了这个理由踏上这条路，创立一个网络多媒体的美好未来。'"会后，90%的人都愿意冒这个险——离开先前稳定的部门，加入这个压力与动力并存的新团队！后来，这支新的团队真的成了苹果公司许多著名产品的诞生地。

利用语言去描述美好的愿景就是这么神奇，它可以充分激发员工的积极性和参与性，可以让团队在激励与压力中保持激昂的斗志和坚定的方向。

语言的暗示作用就是如此之大，马云的演说更说明了这一点。刚开始创业时，马云对他的难兄难弟们说："即使是泰森把我打倒，只要我不死，我就会跳起来继续战斗。"他还说："黑暗之中一起摸索、一起喊，我喊叫着往前冲的时候，你们都不会慌了。你们拿着大刀，一直往前冲，十几个人往前冲，有什么好慌的？"正是在马云一次次激情演说的鼓励下，他的团队才会在别人的质疑与压力中活下来并茁壮成长着，才有了阿里巴巴现在伟大的成功。

在管理中，语言的诱导暗示作用不可小觑，领导者应将其列为提升的重要素质之一，让自己的演说真正成为催发大家前进、振奋大家士气的锋利武器。

第四章 演说销售力系统：出口成章，张口生财，演说是销售的助力器

演说，最神奇的销售利器

销售工作是一门主要靠语言表达来促成交易的商务活动，在销售活动中，口才是现代营销中的基础技能。同样的业务，同样的产品，口才出众的销售人员就能够将产品的优点完美地表达出来，从而保证消费者清楚地了解产品。而口才不好的销售人员，产品在其手中，就可能成为滞销货。可见，良好的口才是营销的利器，而精彩的演说则是利器中的利器。

有人说，演说是最神奇的销售利器。通过公众演说推销自己产品，便能获取更大的利润。拿顶尖的销售人员来说吧，在一般情况下，如果是一对一面谈，其成交的概率大约只有50%。假设销售一套价值20万元的产品，可以拿到10%的提成，即2万元，一般情况下，一次只能谈一个客户，一般需要花费3个小时左右，就算是金牌销售员也只有50%的成交概率。即便是成交，

所能获得的最大收入是 2 万元。可如果能做公众演说式的销售说明，一个人能同时面对 100 个甚至更多听众，同样还是花费 3 个小时左右的时间，成交率就按 10%~30% 计算，一次也至少有 10~30 人进行购买。同样是 3 个小时，一个人却可以创造 20 万~60 万元的价值。不可思议吧？

全球顶级商务沟通大师、世界排名第一的演讲教练杰瑞·魏斯曼说："商场上带来商机的媒介是推介，我很快地就发现它所能施加的影响：差劲的推介可以扼杀一宗交易，而威力强大的推介则能使业务如日中天。"

在杰瑞·魏斯曼的著作《演示制胜：说故事的艺术》中，记述了他本人的一次经历，这一次亲身经历，也证实有效的销售演说的威力。

杰瑞·魏斯曼在事业生涯早期，有幸主持思科系统公司的首次公开上市发布会，即 IPO 路演，但因为思科公司所做的技术很难懂，在对投资人进行说明时比较困难。杰瑞·魏斯曼的主要任务就是帮助思科起草解释公司复杂网络科技的演讲文稿，并辅助其演讲人顺利完成演讲。结果，因为杰瑞·魏斯曼起草的演讲文稿非常精彩，投资人听懂了，并表示对思科的技术非常感兴趣。在思科上市当天，他们本打算以 13.5~15.5 美元的价格上市，结果当天竟以每股 18 美元开盘，以 22 美元收盘，涨幅前所未见。在路演之后的第一个交易日，思科公司的市值上涨了 4000 万美元。

思科很快成为创投业和媒体的宠儿。思科董事长唐·瓦伦坦在接受《旧金山纪事报》采访时特别强调："魏斯曼对公司股价至少贡献了 2~3 美元。"

可见，在商场上拥有一流的演说力远比来一场场面宏大但不能激发消费者购买欲望的表演要好得多。苹果公司的每一场新品发布会也证明了这一点。

在当代的商业领袖中，史蒂夫·乔布斯被认为是最伟大的演讲者，很多人说他是全球舞台上最能房获人心的演讲大师，他的演讲水平几乎无人能与之媲美。在苹果公司的每一次新产品发布会上，人们几乎每次都能看到乔布斯一个人别着个领夹式麦克在台上唱独角戏。即便如此，听众们却从不厌烦，乔氏演讲仿佛把兴奋剂直接注入听众的大脑里，让听众每一次都为之疯狂、为之兴奋。"为了听一场他的演讲，有些人不远万里、翻山越岭地赶来，甚至在寒风中彻夜排队，只是为了获得一个最好的座位。如果不能如愿，他们往往会十分沮丧。"这就是乔氏演讲的魅力。

苹果公司从来都不会像其他入俗的公司一样，在进行产品推介时，绝对不会找一堆穿着暴露的美女来充场面、吸引人的眼球，他们认为那只是土鳖公司的一种无聊活动而已。结果证明，这个意志坚定、满脑子创意、颇具魔力的50多岁老头儿的演讲，远比那些全场半裸女人乱窜、尖叫的活动更受消费者的欢迎。

演讲设计大师南希·杜瓦特在她的著作《幻灯片的学问》中写道："演讲已经成为重要的商业交流工具，公司顺利初创、产品成功发布等都可能与演讲的质量相关。"在销售中，演讲的重要性亦是如此。花时间学习并掌握有效的演讲技巧吧，这会让你从无数次平庸的演讲中脱颖而出。如此，你的产品怎么可能滞销手中？

在打动说服他人之前先打动自己

什么样的演讲才最打动人？跨界青年作家刘同说："以前我写书都是为了一个主题而写，30岁之后，我写书都是为了自己而写，所以这些文章都能够打动自己，以至于现在很多读者看完书之后都说自己又哭又笑的，我觉得很正常，因为我自己写的时候也是这样，先写给真实的自己，才能打动更多的别人。"

其实，好的演讲就如同一部好的作品，只有先打动自己，才能打动别人。在一部好的作品中，字里行间皆是真情流露，有些是看似轻描淡写的描述，读者在阅读的时候实则落入了"圈套"，不知不觉被感动、被影响，好的演讲也应该是如此。如果你的演讲稿连自己都打动不了，即使在现场你"演"得再卖力，效果也不会很好。

为什么苹果粉丝们能数十年如一日地为之疯狂？很重要的一个原因就是苹果的很多演讲和广告都能让人久久感动。

比如有一则广告这样写道："这里有一些特立独行的人。他们不合群，他们叛逆，他们制造麻烦，与当时的社会格格不入，对事情有着不同寻常的看法。他们不喜欢规则，也不满现状。你可以引用他们的话，驳斥他们，可以赞美他们或者诋毁他们。但你唯独不能忽略他们。因为他们改变了世界，推动了人类社会的进步。别人视他们为疯子，而我们视他们为天才。只有非同凡'想'，才能最终改变世界。"

这则得奖无数的广告，被苹果公司一直持续使用了 5 年，成为广告界一个不朽的传奇，更是苹果粉丝们的最爱。因为这则广告就像一针兴奋剂，唤醒了无数人对苹果公司的关注，也燃起了人们对乔布斯的极大兴趣，以至于很多人称他为"神"。

乔布斯的很多演讲都少不了广告，很多广告都能把乔布斯本人感动得一塌糊涂。在阿兰道·伊奇曼的著作《追随我心》中，讲了下面这个故事。

《新闻周刊》的记者凯蒂·哈夫纳约好与乔布斯周五早晨在苹果总部见

面，哈夫纳到了苹果公司后，等了很长时间乔布斯才出现。原来，乔布斯通宵未睡，他剪辑了一夜的广告。他筋疲力尽，看上去有些邋遢，但他全然不在乎这些。他拉着凯蒂·哈夫纳一起去看他剪辑的广告，看完这个广告，哈夫纳很感动，而乔布斯本人更是被感动得哭了。

"这些广告之所以能够深深地触动乔布斯，是因为它们反映了所有那些推动他创新、超越并且最终取得成功的力量。在那些推动人类进步、改变世界的名人的面孔中，他看到了自己。""人们希望被感动、被激励、被启发，他们总是想要信仰点什么，那就让他们信任你。"阿兰道·伊奇曼在《追随我心》中如是说。

在演讲中，缺乏真感情的东西总是让人不屑一顾，要做到阿兰道·伊奇曼所说的"让他们信任你"，我们不妨像乔布斯一样，用自己真实的故事去刺激听众们的耳膜。

实际上，在演说中，我们的听众都渴望和我们交流，但这种交流只是你在讲述自己故事的时候，而不是那些他们早已读过的类似《心灵鸡汤》里的故事，也不是拿破仑讲述过的古老传说。我们在演讲的过程中可以旁征博引，可以鞭辟入里，也可以穿插音乐和视频，但不管用何种手段，这些都应为你阐明从自身的故事和切身经验中得出的道理而服务的。

不要说自己是没有故事的人，每个人都有故事。你应该明白，或许你的产品很伟大，它能给人们的生活带来极大的方便，并能让顾客的生活变得更加美好。但如果没有忠实的顾客替你宣传，你的产品和销售生涯将永无出头之日。如果你不能有效地进行演讲，不能有效地激发观众的兴趣，消费者就不会对你的产品产生丝毫的兴趣。再好的产品、再伟大的创意，也会随着时间"悄然死亡"。所以，尽力挖掘你的故事，然后大胆和你的听众们分享。

多多使用富有形象性与煽动性的语言

演讲是一门学问，是一门艺术。要使演讲生动，就必须掌握一定的语言技巧。好的演讲稿，其语言一定要生动。语言大师老舍说过："我们最好的思想、最深厚的感情，只能被最美妙的语言表达出来。若是表达不出，谁能知道那思想与感情怎样好呢？"好的演讲稿也是这样，如果只是思想内容好，而语言却干巴巴的，听起来让人毫无感觉，那就算不上是一篇好的演讲稿。

毛泽东、鲁迅、闻一多的演讲，为什么能让人回味无穷？除了其演讲内容的丰富深刻外，就是他们的演讲语言形象生动。由此可见，要写好演讲稿，只做到语言通俗明白还不够，还要力求语言生动感人。那么，怎样才能使语言生动感人呢？在这里，我们和大家分享几点：

1. 善用排比

运用排比，能使演讲取得排山倒海般的效果，这样更容易带动现场的气氛。奥巴马是个天生的演讲家，他的演说富有节奏感，味道十足，每每都能使得人们群情激昂，在演讲中他就非常善于使用排比句。

2008年1月3日，在艾奥瓦党团会议选举获胜之夜奥巴马又发表演讲，这篇演讲更是气势磅礴，感染力十足。在这篇演讲中，奥巴马更秀出"排比功"：

"我会是这样一位总统：让每个人都能看上病和看得起病。我在伊利诺伊州就通过民主党人和共和党人的携手合作实现了这一目标。"

"我会是这样一位总统：终止所有把工作运往海外的公司的税收优惠政策，并给美国最值得享受减税的中产阶级减税。"

"我会是这样一位总统：让农场主、科学家和企业家发挥他们的创造力，使我们国家一劳永逸地摆脱石油的主宰。"

"最后，我会是这样一位总统：我要结束伊拉克战争并让我们的士兵回家；我要恢复我们的道德地位；我知道'9·11'不是骗取选票的借口，而是使美国和世界联合起来应对21世纪这个世界面临的共同威胁：恐怖主义和核扩散，全球变暖和贫困，种族屠杀和疾病。"

演讲就是要感染人、打动人，从而赢得大家的支持。所以，煽情与升华是成功演讲中非常重要的因素，奥巴马娴熟地运用排比句，可谓做足了煽情功，在场的听众普遍认为他不仅仅是一名合格的候选人，更是在发动一场充满正义的运动。

2. 善用比喻

比喻是把一个事物说成另外一个事物加以比较，以突出其中的相似之处。比喻能更好地帮助我们理解一些并不熟悉甚至是陌生的概念。比喻是一种行之有效的说服手段，在优秀的营销和推广中被广泛使用。英特尔公司在推销自己产品的过程中，有一个非常形象的比喻，被用了好多年。他们说，"微处理器就是计算机的大脑"这个明喻非常恰当，被很多媒体广泛采用。所以，如果你收集到或者形成了一个好用且具有强大作用的明喻，就坚持使用它，让它在你的演讲中随处可见，这会让听众为之兴奋。

3. 善用反问

在演讲中，运用反问句甚至连用几个反问，可以造成跌宕起伏、气势磅礴的效果。毛泽东同志在其演讲中就善于运用反问。

1947 年，美国艾奇逊发表了所谓革命的发生是因为人口太多的谬论，毛泽东对此进行了严厉且尖锐的反驳。

"革命的发生是由于人口太多的缘故吗？古今中外有过很多次的革命，都是由于人口太多吗？中国几千年以来的很多次的革命，也是由于人口太多吗？美国 174 年以前的反英革命，也是由于人口太多吗？艾奇逊的历史知识等于零，他连美国独立宣言也没有读过。"

毛泽东一口气连用几个反问，声声激问，气势磅礴，锐不可当，有一种先声夺人之势，其反驳具有不可抗拒的力量。其言语像连珠炮，穷追不舍，批得敌人难以招架，无可遁逃。

以上三种修辞技巧，让你的演讲更具形象和煽动性。当然，除了这三种技巧，还有很多技巧可以让你演讲更具召唤力量，比如，在演讲中运用强调，尤其是需要突出的地方，重复强调，能加深听众的印象，让你的演讲更成功。

需要说明的是，并不是口语化的语言就不具有煽动性，就不能引起听众的兴趣，如果你的演讲语言通俗，但非常经典，同样可以唤起听众的激情。马云就是这样一位杰出的演讲者。

马云的演讲都非常精彩，都很具有蛊惑力和煽动性，他的演讲会场掌声不断。这其中有一个很重要的原因就是他演讲时的语言不仅通俗易懂，更关键的是他的演讲语言非常经典，句句透着哲理。

比如，他在告诫企业家要有危机感时，马云说："今天很残酷，明天更残酷，后天很美好，但绝大多数人都死在明天晚上。所以我们必须每天努力面对今天。"又如，他告诫创业者要有梦想、要有眼光时说："重要的不是你的公司在哪里，有时候你的心在哪里，你的眼光在哪里更为重要。"这些都成为人们津津乐道的经典之谈。

最苍白无力的语言，加上情感就天下无敌

在销售演讲中，语言是无价的，它可以创造巨大的财富；同样，在销售演说中，语言也是最苍白无力的，讲得不吸引人，即便是你准备得再精心，可台下的观众就是不认真听，甚至打瞌睡。

为什么你在台上讲得口干舌燥，听众们却在台下昏昏欲睡？原因或许有很多，但其中很重要的一个原因就是：你的演讲过于干瘪，它缺少最感人的因素——情感。

我们常说"动之以情"、"感人心者莫先于情"，真挚的情感最能感染听众，使之愿意按照讲话者的意愿去行动。所以，成功的演讲者总是会试着以自己的情感去影响别人。我们所熟知的温家宝同志就是一位以情感人的成功演讲家。

2006年，温家宝在参加亚太四国行时，其满含感情的演说，打动了不少国内外人士，为中国政府及他本人争取到不少"形象分"，并展现了中国领导人浓郁的民族情感。

在澳洲首都堪培拉对当地侨社演讲的"序幕台词"中，温家宝以情入

场，"在座的哪位是 70 岁以上的？""有哪些是 65 岁以上的？……部长们都起立，把座位让给老人们吧。"这个细节尽显温家宝充满温情的一面。

在新西兰惠灵顿的第二场侨社演讲，温家宝同样是以情入场。他首先用满带感情的语言回溯了多年以前华人们是如何历尽艰辛漂洋过海来到新西兰，是如何艰苦扎根创业的历程。在奠定了温情基调之后，温家宝继以朴实的语言用"话家常"式的演说，娓娓道来，向在座的华侨演说中国面对的种种困难，并表达出中国政府及他本人应对和解决困难的决心。整场演讲以情动人，唤起了华侨一致的爱国情怀。

在温家宝的几场演说中，既没有华丽的辞藻，更没有对事实的夸大，有的是他自己对祖国发自内心的忧思，合情合理，不能不使听众为之动心、为之折服。

可见，演讲绝不是靠华丽的辞藻就能取胜，更不是大量很酷很炫字眼的堆砌。有时候，伴随着真情实感的那些朴实无华的言辞，更能打动人的心弦。此时，过多的言语修饰反而会削弱情感的真挚度。其实，销售中的演讲也应该是如此，只有倾注了销售人员感情的语言才更能打动消费者。

有一位软件销售员给自己的客户打电话，对软件的售后情况进行追踪，并想借此机会向这位客户销售自己公司的其他设备："你好，是李先生吗？我是××公司的销售代表章鸿，你现在有空吗？我是你的销售代表。你上次在我们这购买的财务软件，现在运行得怎样？……很好，我打电话的主要目的就是想了解一下你所购买软件的运行情况，另外，麻烦你记一下我的号码，有事可以联系我们。对了，我们这刚到了一批更好的硬件设备，性能非常稳定，使用起来相当方便，非常适合贵公司的财务运作……"半小时的谈话结束了，可最后，李先生并没有购买这位销售人员的产品。

章鸿的销售为什么没有成功？在回答问题之前，我们看章鸿的同事孙静是如何进行电话回访的。

"你好，是刘女士吗？我是××公司的销售代表孙静。三个星期之前我们开始了愉快的合作，你的新系统运转如何？……不错！真为你高兴。这个号码是我们公司的售后服务电话，在以后，如果你需要我们帮助，可以拨打这个电话，我们的售后服务人员会及时地上门为你服务……不客气不客气。是吗？你的团队现在都在学着用这个软件。真是棒极了！在学习的过程中你还需要什么别的支持系统吗？……不需要是吗？那贵公司还有没有新的员工要学习这一系统呢？……听起来要学习这个系统的新员工人数是个不少的数字嘛！据调查表明，这么多人恐怕不能共享一个系统了……你问我有什么好的建议可以推荐给你？从性能和运行速度来说，贵公司可添加××设备来支持未来的运行环境，你觉得呢？……××设备的价格是××元……是的，不算便宜，但其性能口碑绝对是最好的。你现在有这个预算吗？……哦，好的，要做好这个预算，还有些什么需要我帮忙？你尽管说……没问题！我会把这个设备的详细情况还有同类其他产品的情况都传真给你，你还有别的需要吗？"半小时的谈话结束了，几天后，刘女士在分析了孙静传真的材料后，又结合自己公司的实际情况，给孙静打了电话，决定购买孙静给她推荐的设备。

同样都是售后回访，结果却完全不一样！很重要的一个原因就是：孙静的回访更像一场用心的交流，她充满感情的语言，让消费者觉得那是在全心全意地为顾客解决问题，而不是硬把产品强塞给他们。

很多销售人员在做销售演讲的时候，就会不自觉犯章鸿的错误，他们一味地宣传自己的产品如何如何好，就像是一台毫无感情的复读机，一遍一遍重复着自己想说的，全然不顾听众的感受，殊不知充满情感的语言才是联系购销双方的最好纽带。因此，在推销过程中，请使用有情感色彩的语言吧，这样可以拉近我们与顾客之间的距离，为我们的成交奠定感情基础。

学会运用非语言的力量为自己加分

精彩的演讲不仅需要言辞声音，同时还需要辅助以姿势和表情。这种通过面部表情、体态进行思想情感交流和信息传递的手段，我们称为态势语言，也称为非语言。

在演说中，语言运用成功，就会给人字字珠玑、妙语连珠的感觉，令听者为之动容，心系感之。当然，一场成功的演讲，演讲者除了注重发挥语言的巨大力量外，他们也非常重视非语言的力量，从而使自己的演讲更具吸引力。

演讲中的非语言包括什么？一般包括表情语言、体态语言、手势语言三个部分，各个部分协调合作，具有很强的技巧性。

1. 表情语言

在表情语言中，其中最主要的就是要注意目光语言的运用。眼睛是心灵的窗户、沟通的桥梁，是传递非言语信息最有效的渠道。要做一个成功的演讲者，不但要在知识、思维、表达上下功夫，还要重视并合理运用目光语言，借助目光语言增强演讲的效果。

演讲中，强有力的语言目光就是让眼睛有光、有神、有情。有光、有神不难理解，就是演讲者的目光不呈呆滞状，不会让观众感到索然无味，不会让观众感觉你的目光黯淡无神。要使目光有光、有神，在演讲过程中就不要低垂着双眼，不要闭眼时间过长，也不要自始至终只用一种眼神。要知道听众接触到什么样的眼光，就会有什么样的反应。你的眼神无光、无神，听众报以你的只能是昏昏欲睡。

怎样让目光有情？这需要在两个方面做足功夫：

一是在演讲的过程中，要用眼神的变化来表达自己内在的丰富感情。讲到高兴的地方就睁开双眼，让它散发出愉快的光芒；讲到激动人心的地方，就睁大双眼，让它散发出兴奋的光芒；讲到悲伤的地方，可低垂下双眼，使这种感情显露出来；讲到愤怒的地方，可瞪大双眼，让眼睛射出逼人的光芒……总之，要让眼睛跟随演讲的内容一起变化，让听众的情绪随你而动。

二是要在演讲的过程中，和观众进行良好的目光交流。很多演讲者的眼光根本不与听众接触，演讲时两眼望着天花板，与其说是演讲，还不如说是在背书，这只会让观众感觉到不被注意、关心和尊重，极容易引起听众的反感。不能吸引听众，演讲怎么能成功？

那么，在演讲中，我们可以运用哪些方法跟观众进行良好的目光交流呢？

一是扫视法。表演者的视线平直向前，其视线的落点放在全场中间部位听众的脸上，在此基础上，用弧形的视线在全场流转。扫视法会照顾到全场听众，这样，可使每位听众都感到表演者在关注自己，容易使听众集中精力，沉浸在演讲所营造出的氛围中，进而慢慢被吸引、被打动，与演讲者达成一种默契。

二是专注局部法。即把视线集中到某一点或某一面的方法，就是演讲者的眼光可以停留在一定范围内的人的脸上，并同听众个别交流感情。这种方法看似是专为你盯着的某些人而讲演，实际上从台下观众的角度看，更大范围内的人都可以感受到演讲者灵活热情的目光，而不由自主地与之相呼应。当然，用这种方法不免会忽视一些人，因此将扫视法和专注局部法配合使用，利于你更好地控制全场。

三是斜视法。即把眼珠向左或者向右移动的方法。用斜视法既可表现出演讲者对左右观众的关注，同时若配合面部表情，又可表现出演讲者喜欢或者鄙夷的情感。

2. 体态语言

非语言中第二种重要的语言就是体态语言，体态语言主要包括演讲者站立、就座、行走等姿势。

站立是人们在演讲中最基本的姿势，良好的站立姿势会给人自信的感觉。在演讲中，站立的一般要求是头要正、颈要直、双肩放松展开，收腹、立腰、提臀，膝盖挺直，小腿向后发力，这样会给人精神饱满的印象。切不可弓着腰、驼着背，不可双肩高低不一、双手胡乱摆动，不可双腿不停地抖动，更不能双手胡乱摆弄小物品。这样不但有失庄重，更会给听众不自信的感觉，如此，谈何调动听众的兴趣？

坐姿给人以端正、大方、自然、稳重之感为最佳。坐在椅子上时，上体要端正，要头正目平，两脚平行，双膝并拢，鞋尖方向要保持一致，做到两腿自然弯曲，小腿与地面保持基本垂直。切不可入座后跷起二郎腿，或双腿不停地抖动，也不可将脚伸得很远。

演讲中的走姿要从容、轻盈、稳重。男士走姿要体现出阳刚之气，女士走姿要尽量展现出身体的曲线美。行走时，步幅要适当，最好能有一定的节奏感。在行走时，切不可摇头晃肩，不可左顾右盼，不可扭腰摆臀，也不可走路时双手插在裤兜里。

3. 手势语言

非语言中第三种重要的语言就是手势语言。手势是演讲中不可缺少的体态语言。恰当地运用手势来表达真情实意，会使你在演讲中表现出良好的形象。关于演讲中手势的运用，我们在后面的章节会做更详细的介绍，这里暂不多说。

总之，成功的演讲是语言力量与非语言力量共同作用的结果，讲话的效果也遵循二八法则，即 20% 是靠听觉产生的效果，80% 是靠视觉产生的效果。这就要求演讲者做到口、手、目共同参与，如果你只会讲却不懂得加上手势，不懂得目光交流，只靠口，能收到 20% 的效果，所以一定要三管齐下，会使你的演讲更加精彩！

从言语的针锋相对到相互了解

为推销产品，你的演讲演说得再好，也不免有客户对你的产品提出质疑，甚至有客户提出一些挑衅性的问题，与你针锋相对。遇到这种情况，我们该怎么做？下面来看一个案例：

一位推销员正在向客户推销一套价格不菲的按摩椅。

销售人员："这按摩椅的效果好极了，我们的售后服务也很周到，毕竟我们是品牌嘛!"

客户:"售后服务周到?前几天有消息说,你们准备削减保修网点了,还有消费者反映你们对很多属于产品质量的问题还回避,甚至服务热线还一直拨不通这是怎么回事?"客户发起挑衅,咄咄逼人地问。

销售人员:"你可真是行家!这么了解我们的牌子,而且对于采购方面的问题也特别在行,问的问题这么准确,这么尖锐。"

这时,客户严肃的脸开始有点放晴。

销售人员停顿片刻,接着说:"客户们都非常关心产品质量保修问题,当产品发生问题时,我们要做的就是尽最大可能尊重和保障消费者的权益,我们会要求国家工商部门批准的质监部门对产品质量问题的责任归属做出最公平的鉴定,一旦最后鉴定的结果是我们的责任,我们绝不推脱,我们会承担所有责任。"

客户:"真的?让我怎么相信你们?"客户严肃的表情在一点点放松,但还是带着不满情绪。

销售人员:"我们会亲自上门把产品拿到相关部门鉴定责任,并把鉴定结果出示给客户,在产品送去鉴定的过程中,为了确保客户有按摩椅使用,我们还会提供一个产品使用套装供客户使用,你看这个做法你满意吗?"

客户:"如果真的是这样,那我还能接受!"客户完全没有了之前的严肃和咄咄逼人。

销售人员:"那你对眼前的这套按摩椅有意向吗?"

客户又提出疑问:"这套按摩椅实在太贵了!你们的要价简直有些离谱!"

推销员并不急躁:"你认为贵了多少呢?"

客户："起码贵了 1000 元吧。"

推销员："那咱们现在就假设贵了 1000 元整，你能认可我的这个假设吗，先生？"

客户："可以。"

推销员："先生，这套按摩椅你打算至少用 10 年再换，对吗？"

客户："对。"

推销员："那我们就按使用 10 年来计算吧，这样算下来，你每年也就多花 100 元，对不对？"

客户："是的。"

推销员："1 年 100 元，那每个月是多少钱呢？"

客户："每个月大约也就 8 元钱吧！"

推销员："对，那你每天至少要用两次吧。"

客户："最少两次。"

推销员："那我们姑且就按每天两次算吧，那这样算来，你每个月将用 60 次。假如这套按摩椅每月多花 8 元钱，那每次就多花约 1 毛 4 分钱。对吧？"

客户："非常对。"

推销员："可就是这 1 毛 4 分钱，却能让你的家人更健康，让你的家人可以享受没有疾病的快乐生活，让你的家庭更幸福，你不觉得很值吗？"

客户："你说得确实很有道理，那我就买下了。"

当我们的潜在客户挑衅性地问很多敏感问题时，很多销售人员会直接提出反驳，不用想，这样做的结果就是客户不让步，更加咄咄逼人。相反，如果我们能巧妙地化解客户的挑衅与质疑，在与客户的进一步交谈中，我们就会挖掘到客户的真正需求，从而把潜在的客户变成我们真正的客户。

可惜的是，很多销售人员并不能做到这一点，一旦客户对自己的产品或观点提出反驳，他们马上就想驳倒客户，这些人的销售业绩一般也不会太好。究其原因，是因为他们不懂"销售要卖的究竟是什么"这个问题。那么，销售究竟卖的是什么呢？

阿兰·道伊奇曼在其著作《追随内心》一书中写道："记住，你的新产品本身并不能改变顾客的观念。你要做的就是要向别人展示这个产品如何能让（消费者）生活变得更加美好。做到了这一点，你就赢得了顾客。如果你还能用有趣的方式做到这一点，你就能拥有忠实的粉丝，他们会义务为你工作，替你宣传，帮你推销，用传教士一般的热情，四处传播来自你产品的'福音'。"

一切从人们关注和重视的话题开始

要想演讲精彩，我们以什么开场呢？很多人或许说，应该以自己感兴趣的话题作为开场白，因为只有让我们感兴趣的事情才能最深刻地影响我们自己，当在舞台上现身说法时，才会让我们的演说更有说服力。

听起来确实如此，但事实真的如此吗？在经典著作《卡耐基成功人生经典——演讲的艺术》中讲了卡耐基本人的一个经历："我曾听过一场关于'定期健康检查的必要性'的演讲。演讲者是怎样开始自己的演说的呢？他首先讲述了生命科学技术学院的历史，它是怎样运作的以及它提供何种服务。

这简直是荒谬透顶！因为现场的听众对此毫无兴趣，他们只对自己关心的事情感兴趣！"

卡耐基接着说："这位演讲者为什么不表明生命科学技术学院与大家的密切关系呢？作为演讲者不妨这样来说：据人寿测算表，你是否知晓自己能有多长的寿命呢？如保险业精算师计算的那样，人的待活寿命是现在年龄与80岁之差的2/3，比如说，你现在35岁，那么与80岁之差就是45岁，你的待活寿命就是45的2/3，即30年。这段时间足够吗？当然不够，我们每个人都盼望着自己能多活几年。可是，生命测算表是根据数百万人的寿命情况测算的。我们也许希望自己是一个例外，而如果你能对自己的健康多加注意，这个愿望也可能会如愿以偿的。但是，要达成这个愿望，你首先应进行定期的健康检查……接着，如果我们再来详细解释为什么定期健康检查是必要的，那么听众就会对提供服务的机构感兴趣。因此，一开始就不带感情色彩地谈论这些机构真是糟糕而致命的。"

怎么样？按照卡耐基的建议开始这场演讲，是不是要比那位演讲者一开始的演讲要吸引人得多？

人们只对自己关心的事情感兴趣——这才是演讲应该遵循的基本事实！那么，听众对什么样的话题最关注、最重视、最感兴趣呢？

一般来说，能激发听众浓厚兴趣的话题大多包括以下几种类型：

1. 能满足人们求知欲的话题

对于神秘不可及的事物或者是陌生领域，人们总是充满了探索欲望和求知欲望，人们总希望听到更多关于这类事物或者领域的信息和知识，以解除心中的谜团，来充实和发展自己，这是人类的本能需要。

2. 能激发人们好奇心的话题

好奇心人人都有，一个人越是对知识抱有强烈的渴望，其好奇心就越强。我们的演讲可以以各类有趣的新闻、突发事件、传奇经历、名人轶事等内容开始，以更大程度地激发听众的好奇心。

3. 与听众切身利益息息相关的话题

人们最关心的无非就是涉及自己切身利益的事情，凡是涉及人们衣食住行的演讲一般都很受欢迎。

4. 充满娱乐性的话题

人们对于严肃沉闷而又过于平淡的内容总是不感兴趣，若在演讲中，能穿插一些幽默笑话或者充满娱乐性的故事，这会让你的演讲在最短的时间内击中听众的兴奋点，从而调动起全场的气氛。

5. 能给人启发的话题

有一位将要退休的老领导，在一次演讲中说："这次演讲，我们不想太多，只想提出十二个字，和大家共勉。这十二个字就是：继续学习，保持晚节，发挥余热……什么是保持晚节，就是到了我这个阶段仍要重视气节、保持气节。有气节，才能真正做到坚持正义，才能不为恶势力所吓倒……老年人身体容易缺钙，这不可怕，可怕的是人的精神缺钙。我们要保持晚节，就要防止精神缺钙症，就要有意识地培养无畏的精神。但对于无畏，我们要做到具体情况具体分析。有些人是无知无畏，有的人是无耻无畏，而有些人是无私无畏。我们应该坚决克服无知无畏，彻底反对无耻无畏，全力培养无私无畏的精神……"老领导的演讲不是很长，但句句能打动人，句句能给人以启发，尤其是他的"三无畏"论述，更给单位的领导敲响了警钟。因为就在昨天，单位的工作人员还在对单位个别领导以权谋私的行为议论纷纷。正所谓动人心者无须多，系人心者无须冗，老领导的讲话对所有人无疑有一种震撼的力量，一时间内，老领导的讲话在单位风靡传开，成了单位的箴言警句。

总之，演讲就是让人听的，演讲的效果怎样，关键是要看听众的反应，唯有听众的反应才是衡量演讲成功与否的标准。因此，好的演讲应该从人们关注和重视的话题开始。如果听众对你的话题不关心、不愿意听、不感兴趣，任凭你怎样津津乐道，以至于讲得口干舌燥，也没人愿意听。

每一次演说后要给听者留下一点期待

优秀的演讲不仅会有掷地有声的开场白，其结尾更能做到余音绕梁，在每次演说后总能给听众留下无尽的期待。

一场演讲中人们记忆最深刻的是什么？是他们最后听到的内容，也就是结尾。结尾是演讲内容的自然收束，简洁有力、余音绕梁的结尾能够使听众为之振奋，并促使听众不断地去回味、去思考，即使在演讲结束后，听众们依然会津津乐道。而松散、枯燥无味的结尾则只会使听众感到厌烦，甚至人们会因此开始讨厌演讲者。美国著名的作家约翰·沃尔夫说："演讲最好在听众兴趣到高潮时果断收束，未尽时戛然而止。"这是演讲稿结尾最行之有效的方法。

有哪些方法或技巧能将我们的演讲结尾推向高潮呢？在这里，我们推荐帮助你有效结尾的 5 种方法，这 5 种方法每种可以单独使用，也可配合起来使用。

1. 总结式结尾

这种结尾是对全部讲话内容高度精练的概括。运用总结式结尾并不是要你对已经讲过的内容进行简单重复，而应该再增加一些新鲜的元素和观点，从而帮助听众更好地理解你想向他们传递的信息。借助你添加的新元素和新观点，可以填补听众之前没有完全领会的信息空白，加深他们对你所讲内容的印象。

2. 号召式结尾

利用号召式结尾，就是让你的听众兴奋起来，用行动对你的召唤做出最好的呼应。对于伟大的演说家乔布斯来说，这一点非常简单，相当于他说一句："现在都跑出去马上抢购吧！"

3. 故事式结尾

在演讲快要结束时，给听众们讲一个意义深远的故事，这会让听众觉得你的演讲意犹未尽，并且利用故事升华演讲的全部内容，这会使整个演讲更形象更富有哲理。

4. 出乎意料式结尾

出乎意料式结尾就是打破正常的演讲内容，完全出乎听众的意料，从而使演讲收到好的效果。我国著名的艺术家老舍先生有一次演讲，他说"我今天要跟大家谈六个问题"，接着，他就第一、第二、第三、第四、第五，井井有条地谈下去。当第五个问题演讲结束时，他发现差不多到了离散会的时间，于是他故意提高嗓门，一本正经地说："第六，散会。"他以完全出人意料的方式结束了演讲，听众开始是一愣，随即便爆发出热烈的掌声。因为从正式的演讲内容一下跳到了"散会"，正在听众们为下面精彩的内容迫不及待时，老舍先生忽然一下"平地起波澜"，打破了正常的演讲内容，完全出人预料，达到了意想不到的效果，确实是独具风格，别出心裁。

5. 幽默式结尾

在演讲结束语中，幽默式结尾可算是最有情趣的一种。一个演讲者如果能在结束的时候赢得听众们的笑声，这不仅是其演讲技巧娴熟的表现，更能给听众以及本人留下美好而又愉快的回忆，也能让听众更好地领略到演讲者本人的魅力。

演讲是销售的有力武器，不要让我们的演讲变成虎头蛇尾之作，不要让我们的演讲轻描淡写地草草收场，想要人们记住你费尽口舌发表的长篇大论吗？想要人们对你的演说也记忆深刻津津乐道吗？花时间在结尾上精雕细琢吧，让你的结尾像开场一样气势磅礴、掷地有声，让自己真正成为一位颇具魔力的"推销员"。当然，要让听众对你的演讲充满期待，我们除了要在结尾上做足功夫之外，在演讲的过程中，我们也要善于策划高潮。

乔布斯的每一次演讲都有一个高潮时刻，这成为他演讲中最为人们津津乐道的地方。例如在 2008 年 MacAir 电脑的发布会上，当观众们都在迫切地等待着乔布斯展示自己的产品时，他从办公室的一个信封里拿出了电脑，以此来展示电脑有多么轻薄。这是 2008 年 MacAir 电脑的产品发布会，更是令无数粉丝难以忘记的时刻。在这场演讲之后的很长一段时间里，人们都忍不住去讨论它。

所以，也学着策划演讲结尾的高潮吧，这会让我们的演讲真正成为有悬念、有剧情、有各种兴奋点的演说！

第五章 演说影响力系统：你的影响力有多大，你的人生潜力就有多大

有影响力的人一定是演说家，

是演说家一定有影响力

什么是影响力？一般认为，影响力是指用一种为别人所乐于接受的方式，改变他人的思想和行动的能力。也有人把影响力等同于说服力，因为在改变他人的思想和行动的过程中，有效的"说"起了关键性的作用。而演说又是构建说服力的一种有效途径，因此可以说，有影响力的人一定是演说家。反过来，成功的演说家也一定是有影响力的人。

罗伯特·西奥迪尼说："有一些人清楚地知道影响力的武器在哪里，而且经常熟练地驾驭这些武器来达到自己的目的。他们在社会上闯荡，恨不得让每一个人都按照他们的意志来行事，而且他们总是能够如愿以偿。其实，他们成功的秘密就在于他们知道怎样提出请求，知道怎样利用身边存在的这

样那样的影响力武器来武装自己。而运用这些武器并不难，有时只需要正确选择一个词语就可以做到这一点。"可见，演说是打造一个人影响力最重要的武器。看看身边那些有影响力的人，不难发现，他们都是最一流的演说家。

一代伟人毛泽东有非常杰出的演讲才能，他一生为实现革命建设的目标，奔走呼号。他用巨人之口时而激扬文字，指点江山；时而鞭辟入里，强力反击；时而雄辩滔滔，一语定乾坤；时而慷慨激昂，激励士气；时而含蓄幽默，使大家豁然开朗，顿开茅塞……他的演讲有时诙谐幽默，有时典雅凝重，有时肃穆庄重，可谓字字珠玑、妙语连珠。他的魅力永远长青，他的演讲令人叹为观止。

英国前首相温斯顿·丘吉尔是 20 世纪全球最有影响力的政治领袖之一。他不仅是一位杰出的政治家，也是一位拥有无穷魅力的出色的演说家。在第二次世界大战时期的关键时刻，他的很多简练精湛的演说大大鼓舞了人心，坚定了人们反法西斯联盟的决心。

1953 年，丘吉尔被授予诺贝尔文学奖时，颁奖词是这样评价他的："丘吉尔成熟的演说，目的敏捷准确，内容壮观动人。犹如一股铸造历史环节的力……丘吉尔在自由和人性尊重关键时刻的滔滔不绝的演说，却另有一番动人心魄的魔力。也许他自己正是以这伟大的演说，建立了永垂不朽的丰碑。"

有人说美国第一任非洲裔总统奥巴马是美国乃至世界上最耀眼的政治明星之一。他的影响力如此之大，其成功的奥秘是什么？毫无疑问，除了他其他方面的才能外，奥巴马精湛的演讲以及铿锵有力的语言为他的成功提供了重要保障，正因为他无数真挚感人的演讲以及充满艺术性的沟通技巧才使他获得了美国历史上最多元性群体的支持。

演讲设计大师南希·杜瓦特在她的著作《幻灯片的学问》中说："演讲已经成为商业交流的重要工具，公司顺利初创、产品成功发布……都可能和演讲的质量相关。"看看那些有着绝对影响力的企业，他们的领导无不是成功的演讲家。

苹果公司的创始人史蒂夫·乔布斯被他的狂热粉丝已推上了神坛地位。"他是全世界舞台上最具沟通魅力的大师级人物，也是全世界舞台上最擅长虏获人心的演讲者，任何人与他相比都是望尘莫及。"

马云是阿里巴巴创始人，是第一个登上《福布斯》封面的中国企业家，2001年被"世界经济论坛"评选为全球100位"未来领袖"之一，被美国亚洲商业协会评选为"商业领袖"，就连英国前首相布莱尔访华时，都亲自点名要见他并称其"改变了全球商人做生意的方式"。

马云极具魅力，他的魅力很大一部分来源于他的演讲能力。他演讲时总是妙语连珠、字字珠玑，征服了无数观众。如果马云不是如此擅长用演讲"蛊惑人心"，那他的影响力会大打折扣。

每个人都先成为有影响力的人，要打造自己的影响力，我们就要先学会演说，打造一身演说硬功夫。每一个人都离不开工作，每个人都被赋予了一定的职能角色，在走上新的岗位之前，离不开就职演说。不会演说的人不一定做不好官，也不一定做不好企业领导。但很多时候，不会演讲会大大削弱你对别人的影响力。

人生的能量在于你能影响多少人而非你在做什么

国外某著名杂志做了为期三年的调查：成功最重要的能力排名。结果显示，成功最主要的能力第一位就是影响力，第二位是说服力。一个人不管多有钱，不管多成功，走到最后，关注的就是影响力和说服力。

影响与说服大师拿破仑·杨庭说："影响与说服，是超越一切金钱、暴力、特权、科技的终极力量。洞察人类的欲望，是一切影响与说服的真谛。欲望是一切人类活动的原始驱动力。人生是一个说服的过程，人的欲望要得到延续，无不通过说服去实现。说服是成名的捷径。"19世纪美国黑人著名领袖、女权运动先驱弗里德里克·道格拉斯说："如果我能说服别人，我就能转动宇宙。"

英国首相丘吉尔曾说："一个人可以面对多少人讲话，就代表这个人的人生成就有多大！"一个人在舞台上面对多人讲话，说白了是一种公众演讲，通过公共演讲说服别人，传递的是一种你对别人的影响，其本质是"你给别人一种震撼的感觉"。马娅·安杰卢说："人们会忘记你说过的话，人们会忘记你做过的事，但是人们永远不会忘记你带给他们的感觉。"可见，人生的能量在于你能影响了多少人而非你在做什么。

政治家运用影响力来赢得选民的支持，商人运用影响力来宣讲商品，推销员运用影响力来兜售自己的产品。我们每时每刻都在影响与被影响，即使我们家人和朋友，也会在不知不觉之间，会把影响力用到我们身上。但到底

　　为什么，当同一个要求用不同的方式提出来时，听众的反应就会从坚决抵抗变成积极配合呢？这就是说服的技巧。当你用一种为别人所乐于接受的方式去"说"时，别人就愿意改变他们的思想和行动。

　　同样，在演讲中也是如此，当我们以一种为别人所乐于接受的方式去演说时，就会大大提高我们演讲的说服力，从而为自己的影响力加分。在这里我们重点向大家推荐以讲故事的方式去演讲的方法。

　　故事，大家都喜欢听，美国著名的演讲学教授吉·卢卡谢夫斯基说："一张图片可能相当于一千个单词，但是一个好的故事却抵得上一万张图片。"讲故事就是有这么大的功效。

　　乔布斯就深知故事在演讲中的魔力。2005年，他受邀到斯坦福大学演讲，他在演讲时只讲了3个故事。"今天，我只想给你们讲我生活中的3个故事，只是3个故事，就是这样，没什么大不了的。"

　　"第一个故事是关于把我生活中过去的点点滴滴联系起来。我的亲生母亲把我送给别人收养。17年后，我上了大学，但6个月后，我决定辍学。回过头来看，这是我做过的最好的决定之一，但这并不浪漫。退学后，我没有宿舍，所以我睡在了朋友房间的地板上；我没钱吃饭，只能回收可乐瓶，但现在看来，我那时所遇到的点点滴滴都是无比珍贵的，它对我的生活至关重要。"

　　"我的第二个故事是有关热爱与失去。我很幸运，在生命中的最初阶段就找到了自己热爱做的事情。在我20岁时，Woz和我就创建了苹果公司，10年内，苹果就从一个只有我们两个人的公司成长到拥有20亿美元、4000名员工的公司。知道我有多骄傲吗！可然后，我被命运捉弄了——我被解雇了——被自己创立的公司解雇了。有好几个月，我真的不知道做什么好，但是，对于我的事业我仍旧爱着。所以，我决定重新开始。之后的5年，我又成功创办了两家公司，还爱上了一个与我志同道合的女人，后来她成了我的太太。现在，我们一家非常幸福！有时候，生活会给你重重一击，不要失去信心，随着时间流逝，一切事情都会变得好起来。所以，不要轻易对生活妥协。"

"我的第三个故事是有关死亡的。一年前，我被诊断为癌症，我知道自己很快就会离开人世，这是帮我做重大决定的最重要工具。我已没有多少时光可以浪费，我没有任何原因不去追随自己的内心。一样的道理，你们的时间也是有限的，所以不要浪费你们自己的时间去过别人的生活。当我年轻的时候，和你们现在的年纪差不多，有一本优秀的刊物叫 The Whole Earth Catalog（《全球目录》），在刊物封底有一句话'保持渴望，虚心若愚'，我一直用这句话勉励我自己。现在，当你们毕业，有新的开始，我同样勉励你们。保持渴望，虚心若愚。多谢你们！"

就是这3个故事，给乔布斯"保持渴望，虚心若愚"的观点插上了翅膀，让他的演讲在全世界青年人的心中久久飞翔，更给了全世界青年人改变自己的勇气和巨大力量。

这是故事的威力，也是演讲的威力。演讲就是宣传，是扩大你知名度影响力的最有效方式，不论是任何人要想成功，营销你自己是一条必走之道。成功的人生不是你认识多少人，也不是你被多少人影响，而是有多少人认识你，又有多少人被你影响，不管你自己有多么优秀，都不要成为一个"秘密"，而是勇敢地用演说把自己营销出去。

打动他人从你的言语开始

在朱洪的《赵朴初传》中，记录了赵朴初代表中国代表团出席泰戈尔纪念会，并在会上发言的一次经历。会上，赵朴初精彩的演说让在场的所有人见识了他的才能与智慧，更长了中国人的志气，灭了敌人的威风。之后，赵朴初还将其在会上演说的内容写成《如果泰戈尔还在》的长诗，发表在《人民日报》上，被人们传诵为佳话。

在朱洪的《赵朴初传》中，事情是这样被还原的：1961 年 3 月 16 日，赵朴初代表中国代表团出席泰戈尔纪念会，并在会上发言。赵朴初精心准备了一个以颂扬中印友谊及文化交流为主旨的发言稿，廖承志、刘宁一审阅看后很满意。

不料会议途中，作为会议主席的时任印度科学和文化部部长卡比尔突然发难："泰戈尔生前很爱日本，但后来日本侵略中国，他就谴责日本。泰戈尔生前也很热爱中国，但要是他今天还活着，看到中国在西藏镇压个人自由，看到中国侵略印度，他也一定会谴责中国。"

会场气氛霎时紧张了起来。

赵朴初万万没有想到，在这样一个严肃的会议上，一位印度官方人物竟搞突然袭击，明目张胆地攻击我国政府，干涉我国内政和主权，这也未免太嚣张了！

事前赵朴初精心准备的那一份讴歌中印友谊的发言稿，显然已不适宜了。

怎么办呢？这给赵朴初出了一个大难题。先退席的中国驻印度大使馆的二等秘书迅速赶到代表团住地，向廖承志作了汇报。廖承志深感事态严重，担心赵朴初是个知识分子，没有应付这样复杂突发事件的经验，说不定会讲出不适宜的话来，那结果更是难以应付。廖承志急忙吩咐秘书："快把赵会长叫出来。"

这位秘书返回会场时，赵朴初已在台上从容不迫地发言。他无法将廖承志的意见通知给赵朴初了，只好在一旁紧张地听。逐渐地，秘书紧皱的眉头松开了，脸上露出了轻松的神情。

经过短暂的思考，赵朴初决定利用讲台，摆事实、讲道理，当场给予卡比尔有力的回击。他迅速打腹稿，构思了另一篇讲话：

"听了卡比尔先生的讲话，我感到震惊和遗憾。我们中国代表是抱着友好情意来纪念泰戈尔的，下面我的发言可以证实这一点……如果泰戈尔今天还在，看到有人利用他的名字来攻击中国，损害中印友谊，他一定会感到很难过，他一定认为这对他是一个很大的耻辱……西藏是中国不可分割的一部分。那些少数叛乱分子作恶多端，背叛祖国。泰戈尔如果还在，应当受批评的不是我们，而是那些想在中国内务上插手的人……关于中印边界问题，中国人民一直希望能在和平共处五项原则基础上用谈判的方式得到解决。泰戈尔如果还在，应该受批评的不是我们，而是那些想把问题拖上 10 年、20 年，企图继承英帝国主义不光荣遗产的人……"

由于训练有素，赵朴初的语言组织得这么完整，又富有诗意，语言结构重复使用"泰戈尔如果还在"的排比，加强了语言的震撼力，强化了反驳的语气。在场的所有听众都知道，本来是印度个别人准备看中国笑话的场面，一瞬间，完全成了诗人口若悬河的语言表达能力和智慧的天才展示。

会场异常的安静，赵朴初义正辞严的声音在大厅里回旋，卡比尔等极少数敌对分子早已如芒刺背，坐立不安。静静的大厅里，人们都屏息静听赵朴初的发言。

即兴发言后，赵朴初又拿出了原来准备好的讲稿，用充满和平与友好的语调向大家宣读。会场响起了满堂潮水般的掌声。中国驻印度大使馆秘书使劲地鼓掌，兴奋得热泪盈眶。代表团其他同志纷纷祝贺赵朴初发言成功。这可是一场长中国人志气、灭敌人威风的大战！

第二天，出席会议的各国代表遇到廖承志时，纷纷表示对赵朴初登台辩驳的赞扬。这下，廖承志更高兴了，见到赵朴初，就大声地说："菩萨，你的发言反映很好。"陈毅知道后，给"菩萨"很高的评价。

赵朴初用语言打动了海内外的听众，让我们也见识了语言的巨大威力。俗话说"良言一句三冬暖"，好的语言足以荡涤灵魂、动人心弦。可惜的是，很多人在演讲中，其语言根本打动不了人，更谈不上让人喜闻乐听。那有没有什么诀窍可以让我们的演讲喜闻乐听呢？有！在这里我们介绍以下3种：

1. 讲故事

讲故事在上一节讲了，因为大家都喜欢听故事，故事有情节有冲突，这会使演讲更形象更具说服力。

2. 讲细节

细节是指能够有力地表达我们讲话观点的细小人物、事物或者是某些细微的举止等。很多时候，一个细节讲好了，我们的演讲就立马"活"起来。

有一位老军人做演讲，讲的是志愿军的英雄主义精神。"志愿军四十五师在几番攻守后，上甘岭的阵地暂时失守。此时，军长对第四十五师师长崔建功下了死命令：'粉碎敌人的进攻，务必坚守住阵地。丢了上甘岭，你就别回来见我了！'崔建功没有半秒的迟疑，当即表态：'请军长放一百个心，打剩一个连我去当连长，打剩一个班我去当班长。只要我崔建功在，上甘岭就是朝中人民的！'"

什么是志愿军的英雄主义精神？无须长篇大论，就崔师长这一句话，就体现得淋漓尽致。在场的很多听众，听到这句话后，很多人一下子掉下了眼泪——这就是语言细节的力量，它胜过千言万语的长篇累牍。

3. 讲数字

要想我们的语言能打动人，还可用数字来说明我们的观点，这也非常具有说服力。乔布斯也是一个善于用数字打动人的高手。

在一次产品推介会上，乔布斯说："今天我要告诉大家一个好消息，那就是在 iMac 上市的第一年，我们的销量就超过了 100 万台！"紧接着他让"100 万"这个数字充满了整个幻灯片的画面。对现场观众的震撼那是无法形容的！

当然，提升我们演讲语言魅力的方法还有很多，如果我们能够做到讲故事、讲细节、讲数字，那么我们演讲的说服力也必定会大大提升。

说话的目的在于引发行为改变

我们演讲的终极目的是什么？就是想办法说服观众以行动来响应你的鼓舞和号召。这个终极目的从古到今都没有变过。演讲如果不能使听众行动起来，那么，再好的演讲也只能是一句空口号。在距今 2000 多年前的秦朝末年，有两个人——陈胜和吴广，他们早就明白了这个道理。

在距今 2000 多年前的秦王朝，大约 900 名民工被秦政府征调去边疆搞建设。走到蕲县大泽乡这个地方的时候，突然暴雨倾盆而降。大雨一下就是九天九夜，近千号人困在原地只能眼睁睁着老天发呆。民工队伍中有两个很有头脑的人，一个叫陈胜，一个叫吴广，他们见大雨连下不停，眼看着就要耽误工期了，感到责任重大，心里别提有多着急了。

按照当时秦朝的法律，这些耽误工期的民工都要被处死。于是，陈胜和吴广找带队的官吏商量解决办法。

官吏说："看这情况，等你们到了边疆，黄花菜都凉了！你们还是等着受罚吧！"

陈胜和吴广一听，气不打一处来，心中暗想：大伙不分昼夜地赶路也就认了，现在大雨滂沱，道路受阻，却要我们受罚，还有王法吗？

陈胜和吴广都是略有文化的人，两人商量着连夜召开全体民工会议。在会上，陈胜发表了他的演讲，号召大伙团结起来，打倒施行暴政的秦王朝。在演讲的最后，陈胜振臂一呼："且壮士不死则已，死即举大名耳，王侯将相宁有种乎?"意思是说,壮士不死就罢了,死就要死得轰轰烈烈,难道那些做王侯将相的,都是天生的贵种吗?那架势那激情,陈胜把自己都感动了!

吴广在感动之余,也不忘自己的工作,赶紧把陈胜的话说给大家听:"兄弟们,谁都有一死,咱不能死得悄无声息,要死咱们也得轰轰烈烈,咱们得干一番大事,得干出名堂。现在那些政府官员难道天生就是当官的料吗?绝不是!"经吴广这么一解释,大家彻底明白了,都认为他们说得简直太对了!

在那个时候,陈胜演讲是精彩无比的,于是,一传十、十传百,全国民众受此演讲的鼓舞,纷纷发动起义,由此爆发了轰轰烈烈的秦末农民战争,最终推翻了秦王朝的统治。

可见,演说的力量有多巨大。它虽然看不见摸不着,但却不亚于任何一种武器。一场充满战斗力的演讲,其威力不逊于一枚重磅炮弹。特别是,如果这个演讲落脚在"人性"两个字上,其威力之大更是难以形容,它足以激发每个人心中潜藏已久、一旦释放就无所不能的伟大梦想,它足以让每一个人都变成发光发热的小宇宙。

演讲不光是让人听的,更是让人动的。一场演讲要让听众能"动"起来,很关键的一点就是——保证听众能理解、能接受。就像上面的陈胜和吴广,陈胜文绉绉的言语难免有人听不懂,吴广一个通俗的翻译,大家心里立马明白了,明白了才能有正确的行动。

每一场演讲都有它的预期目标,一场演讲是否达到了它的预期目标,关键要看它是否为听众所理解、所接受。听众只有理解了、接受了,才能明确自己的行动方向,才能更好配合组织内的工作。反之,听众似懂非懂,一头雾水,何谈让他们行动起来?因此,演讲的这一特性就决定了演讲者必须站在听众的角度去说去讲，依据听众的理解能力和接受能力做到联系实际、深入浅出。

演讲者要做到联系实际、深入浅出，最重要的是要做好演讲前的调查，要了解听众的知识水平、理解力水平。如果是对知识水平不高的人员或者是农民讲话，最好是用人民群众喜闻乐见的口头语言，或者是用大家熟知的事例来讲话，确保大家一听就懂，一看就明白。如此，才能更容易引发大家做出行为上的改变。

人们总是习惯通过言谈去认识判断他人

人们常说："不要以貌取人。"需要指出的是这里的"貌"并不是狭义上的相貌，而是一个人的言谈、举止等。但在现实生活中，百分之七八十的人依然会以貌取人，为什么？这是因为我们第一次接触一个人，会对其形成一个"第一印象"，这个"第一印象"往往是在几分钟内就形成的，它是人们通过观察对方的言语、声调、动作等形成的一个初步印象。

尽管我们一直在强调不要以貌取人，但人们依然改不了这样的习惯。就像人们常说的"不要以书的封面来判断书的内容"一样，但大部分的读者仍然喜欢以书的封面来判断书的内容，毕竟人们不可能在读完一整本书后再决定是否去购买它。

人与人之间的第一印象也是如此，往往两三分钟就会形成对一个人的初见。美国形象大师罗伯特·庞德说："这是一个两分钟的世界，你只有一分钟展示给人们你是谁，另一分钟让他们喜欢你。"所以，第一印象在人际交往中变得尤为重要。

在古典名著《三国演义》中，被称为"凤雏"的庞统当初准备为东吴效力，于是去面见孙权。孙权见到庞统相貌丑陋，更重要的是庞统言辞间句句透出傲慢不羁，后来，无论谋士鲁肃怎样苦言相劝，孙权还是将这位与诸葛亮比肩齐名的奇才拒于门外。为什么结果这样？是孙权不爱惜人才吗？当然不是！庞统落得如此结果仅仅是因为他没能给孙权留下良好的第一印象。

第一印象是人际交往中非常重要的一环，因为它是在对其人一无所知的情况下获得的。因此，当嵌入对方的头脑中时会比较深刻，甚至会占据着主导地位。并且这种印象持续的时间比较长，它对今后输入的关于此人的信息，产生着不可忽视的作用。别人也会根据我们的"封面"来判断我们的内容。所以，我们必须注意打造自己良好的第一印象。

一般来说，人们最习惯通过一个人言谈来判断这个人，人们常说"话不投机半句多"，人们通过听对方半句话，就能断定这个人是不是跟自己易趣相投，如果易趣相投，我们就会对对方有不错的印象。"半句话"的时间我们可以想象有多短，可就是在这样短的时间里，我们就可以形成对对方的第一印象。

我们暂且不说第一印象是正确还是错误，但大部分人在判断一个人的时候依然会去依赖第一印象的信息，这种印象甚至比之后的第二印象、第三印象重要得多，它直接决定人们是否能在日后继续跟你交往。所以，如果你不想丢掉更多人的认同与支持，不想失去你事业的追随者，就别忘记第一印象的作用。

在演讲中，第一印象也相当重要。我们演讲有一个很重要的目的，那就是去影响别人，建立起与别人的信任与合作关系。既然我们了解了第一印象的重要性，那么，我们应该如何通过自己的言谈去给别人留下好印象呢？

1. 控制你的语速

语速太快，会给听众一种"这人太性急，肯定是着急下台"的感觉，还容易造成听众听不清楚的问题；语速太慢，会让听众着急，让听众觉得你的演说太拖拉。最好的语速就是快慢适中。

乔布斯的每一次演讲语速总能拿捏得快慢适中。当进行示范演示时，他往往会使用正常的语速，当阐述一个关键点或者阐述标题或主要信息时，他的语速则大大减慢，他希望大家理解并记住重点。比如，当乔布斯第一次介绍 iPod 时，他的语速慢得几乎是每一个字都需要数秒钟，从而达到了出人意料的演讲效果。

2. 显露出你的自信

人们总喜欢与自信的人在一起，因为这些人会把自信的力量传递给对方。与不自信的人相比，自信的人总能给人留下更好的印象。所以，在演讲中，你要尽情展露你的自信，比如挺直自己的腰杆、用你的目光去直视听众、随时与对方进行眼神交流等，这都会给人以自信、可靠、积极向上的感觉。

3. 言谈讲究文明

语言表达要简明扼要，不要用"嗯"、"啊"等口头禅，这不仅会削弱你演讲的吸引力，也会让听众觉得你拖泥带水；言谈要文明，不要乱用不文明的字眼或者词汇，这会给听众留下不好的印象。

在影响他人之前先影响自己

我们演说有一个很重要的目的，那就是用语言去影响别人，进而在潜移默化中改变对方的行为。那么，如何让我们的演说更有说服力？更能让听众乐意去接受我们的观点或者想法呢？很重要的一点就是，在用我们的演讲影响他人之前先影响自己。换句话说，要想让别人按照我们演讲中所传递的想法去做，首先我们自己得能做到。

在一个团队中，领导者经常会通过演讲的形式，向团队内的成员传达一种强有力的口号，再好的口号得不到实践，变不成人们的行动，那也永远只能是一句空话，对团队发展和壮大起不了任何作用。那么，如何把口号变成行动？最有说服力的办法就是领导者带头身体力行。也就是说领导者要把口号变成行动，而不仅仅是口号的发起者，更应该是践行口号的先行者。所以，一个优秀的领导者，往往不仅仅是一个优秀的演说家，更应该是一个优秀的实践家。所谓"行事品质跟演说品质相等"就是这个意思。

19世纪俄国著名诗人亚历山大·谢尔盖耶维奇·普希金说过："用语言去把人们的心灵点亮！"点亮别人的心灵，实际就是我们所说的去影响别人。那么，我们的讲话怎样才能把听众的心灵点亮呢？很重要的一点就是演讲者应该以坦诚的态度，说真心话、说实在话、说有自己见解的话。

一个成功的领导者往往是敢于道出自己真实感受的，他们在对群众或自己的员工讲话中，不会刻意去隐瞒自己对具体事物的认识和观点，他们总能给人留下坦率真诚的印象，人们也总愿意去相信他们。相反，如果团队中的成员或者群众发觉你说一套，做一套，他们就不会再信任你。所以说，领导者的话讲得越是坦率、真诚，就越能赢得他人的信赖；话讲得越虚假、越隐瞒，给他人留下的印象就越肤浅，人们对其的信任度就越低。

我们所熟知的周恩来同志所到之处，其演说的内容总能给人留下深刻的印象，总能让人心服口服，其根本的原因就在于他的真诚和言行一致。

1949 年 5 月，周恩来做过一次《学习毛泽东》的演说。在这次讲话中，他以一个彻底的唯物主义者的姿态真诚地说出了自己的感受，他说："绝不要把毛泽东看成一个偶然的、天生的、神秘的、无法学习的领袖。"他坚决反对个人崇拜和个人迷信。他是这样说的，也是这样做的。周恩来对于自己从来不搞神秘化，他多次向群众公开讲述自己成长的曲折过程，他也曾多次如实地向群众公开介绍自己的出身以及自己的社会关系，在群众眼里，周恩来就是一位"平民总理"，他亲切、真实、坦诚。正是周恩来这种光明磊落的襟怀以及言行一致的作风，才使得他与听众的思想情感始终处在相互信任的氛围中，才使得听众非常乐意地去接受他的观点，心甘情愿地被他所影响。这也正是周恩来的人格魅力所在。

所以，优秀的领导者不仅需要"说"的能力，更需要"做"的能力，只说不做，人们只会觉得你言行不一，只会觉得你虚假，只会觉得你是"语言的巨人，行动的矮子"。所以，从现在开始，把每一个口头上的承诺变成行动，把每一个强有力的口号变成行动，只有行动才会消灭惰性，只有行动才会消灭迟疑，也只有行动才会带来成功。

让充满自信而洋溢激情的声音贯穿整个演说

你也许有过这样的经历：在某次演讲会上，对于你的发言，听众们并没有太大的反应，但几分钟后，别人几乎和你说了同样的内容，却得到了所有听众的关注和赞赏。这是为什么？其实问题的症结不在于你说什么，而在于你的声音。

许多人竟然认为，平淡严肃是演讲具有权威性的一种表现。为了表现出演讲的权威性和条理性，他们总是执着于一种干巴巴的、几乎毫无感情的生硬的"领导式发言"，他们错误地认为，如果在演讲的言语中带上个人感情就会被听众看作是做作的、故作姿势的表现。然而，他们却完全忘记了一个大事实——单调的声音只会使听众烦腻，让听众昏昏欲睡。

没有人愿意听近似平铺直叙的声音，那我们的耳朵更愿意听到什么样的声音呢？想象一下我们正在听两段不同的音乐，第一段音乐由 4 个音符组成的重复旋律，第二段音乐由 12 个音符组成。哪一段音乐能更持久地吸引住我们的注意力？不用说当然是后者，因为它富有变换，给人以丰富的节奏感。人的声音也是一样的，越是单调少变的声音，人们就越觉得枯燥。反之，声音越丰富多彩，变化越多，越富节奏感，就越能抓住听众的注意力。

那些优秀的演讲者，总是能充分地变换语调，从而让听众觉得起伏有变化，而这正是拙劣的演讲者所做不到的。实际上，在演讲中，让我们的声音多一些变化、多一些高低起伏，不但会使我们的演讲显得更有说服力，而且也更能让听众感觉到你对自己所说的负责。毕竟，那种毫无变化的声音会给人一种心不在焉的感觉。

当然，即使是再有魅力、再有活力的演讲者，在某些情况下也可能会失去光彩，也会失去活力，比如在经历了长途的舟车劳顿后，演讲者难免疲劳。此时演说，演讲者要格外注意让自己的声音充满活力，如果做不到让自己的声音充满活力，那至少让自己的声音听上去能显得友好、愉快。毕竟，没人愿意听到疲惫不堪、老气沉沉的声音。

演讲重要的不是说什么，而是怎么说。所以，为我们的声音注入应有的活力吧，这会让你的演讲充满磁力，从而把更多听众吸引到你周围，让你变得更有气场。那么，在演讲中有哪些方法可以让我们的声音富有变化呢？以下的方法具有指导意义。

1. 讲故事

很多人在演讲时，其声音之所以单调无变化，是因为他们没把自己的情感融入演讲中。用讲故事的方法，尤其是在讲述自己的故事时，人们会很自然地带上情感，这自然会引起我们声音的变化。

在一次重要的行业会议上有一位经理人要做一次重要的演讲。作为一名管理者，他非常受尊敬，尽管平时他看起来很严肃甚至有些呆板，可不管是他的人品还是业绩，都无可挑剔；但作为演讲者，他的每一次演讲却让人难以接受。那简直就是一场场干巴巴的、生硬的"论文"，他的声音听起来很单调，言语间全无任何感情。整场演讲下来，气氛沉闷，把同事们讲得个个昏昏欲睡。同事们都调侃，听他的演讲就是听催眠曲。

以前，即使是在这位经理人发挥得最好的时候，他的声音听起来依然单调的很；如果是发挥得很差，说他"五音不全"也不为过。对于这次演说，同事们依然没有指望会有奇迹发生。

然而，有趣的事情发生了，在演讲的一开始，他讲述了一个关于自己的故事，他的声音一下子起了变化，原本枯燥的演说一下子融入了鲜活的激情与色彩。这次演讲备受好评，同事们没有像往常一样昏昏欲睡，而是听得津津有味。

原来，就在不久前，关于应该如何演讲，这位经理人从一位著名的演讲家那里获得了一个简单且有效的解决方案，那就是把演讲内容当成一个大故事来讲。

为什么说讲故事是行之有效的演说方式？一方面，演讲者在讲述自己亲身经历的故事时，其说话时会更加自然、自如，其声音也会随着自然流露的感情不断变化，这完全不同于呆板的"领导式发言"；另一方面，与苍白的大道理性的语言相比，故事更能吸引听众们的注意力。伴随着演讲者故事的发生、发展、高潮，听众们也在不断思考着下一步到底会发生什么事情。

2. 加重语气

当我们说到关键的信息时，可以通过加重语气来改变我们的音调。比如，在演讲中，当我们碰到用来限定事物的词，如形容词、副词等想要强调的词语时，我们最好加重语气。如果这样，你还是不习惯通过不断变化自己的声音来表达自己的意思，那么，你就必须要多使用高音了，因为只有这样，才会使我们的演说获得最佳效果。

在演讲过程中，每当呼吁、号召时，自然需要加大音量、加重语气，如果一直用大音量或重语气则无法突出重点，反而给人以嘈杂、夸张的感觉。表达激动的情绪时自然用高亢的语调，如赞美、愤怒、质问等，但一直高亢而缺乏起伏易给人矫情作势的感觉。一般情况下以从容、有力作为主基调，适当加入高潮式的高音量和语调为佳。

第六章 演说吸引力系统：不怕有人围观，就怕孤芳自赏

演讲是财富的吸引器

世界潜能激励大师安东尼·罗宾斯说："演说可以让你的生命价值极大化，每分每秒都必须创造出最大的生产力，和演说相比，再也没有一件事能让你发出更大的价值。"演讲也称为口才，早在 20 世纪 40 年代，美国人就把"口才、金钱、原子弹"看作是在世界上生存和发展的三大法宝，60 年代以后，他们又把"口才、金钱、电脑"看成是世界上最有力量的三大法宝，而"口才"一直居于三大法宝之首，足见其作用重大和价值巨大。

演讲是财富的吸引器，不管是募集资金还是想有效地销售我们的产品，演讲都是最有效的获取财富的方法。

你想用更多的钱做更多的事吗？无论是你想修桥铺路、义演赈灾，还是想给希望工程捐款送温暖，我们都需要资金，当我们没有资金时，这些事就

难以解决。想要获取资金支持，人们就会成立一个基金会，成立基金会的目的就是发动大众募捐。在募捐的时候，如果你只是把募捐箱往那一摆，任何动员活动都不做，一般来说，你所获得的资金数不会太理想。相反，如果你能在募捐的时候，来一场感人肺腑的演讲，那你能够得到的肯定要比你预期想得到的捐款要多得多！

咱们做一个简单的假设就能说明这一点。假设每一场演说能帮你募集到5万元资金，假设每年我们能演讲50场，那么，每年我们就能募集到250万元以上的资金！250万元！这可并不是一个小数目！它可以帮助我们做很多我们想做的善事。

特蕾莎修女（又称作德兰修女、特里莎修女、泰瑞莎修女）是世界著名的天主教慈善工作者，她当年在为国际红十字会募款时，就是用公众演说来感动全世界的。在所到之处，她的演说总能感动成千上万的听众，最终，她为国际红十字会募集到几十亿美元的捐款！这就是演讲的巨大作用。

再来说一个例子，很多人都想创业，对于创业者来说，"资金缺乏"是普遍现象，据计算，创业至少要准备18个月的资金开销，才能维护资金链的正常运转。如何在最短的时间内，获得我们所需要的资金支持？有一个最行之有效的方法就是——演讲！在阿里巴巴业务尚不成气候的阶段，马云就非常善用演讲来为企业"吸金"。他会抓住每一次机会，只要有可能，他就会在各种能够提升阿里巴巴国际知名度的场合进行演讲，他会抓住每一次海外媒体的采访对阿里巴巴进行宣传，不久，阿里巴巴便在海外树立了不错的国际化形象，这为阿里巴巴赢得海外买家和海外投资者的关注奠定了坚实的基础。

事实上，演讲本身还是一种销售行为。一场差劲的演讲，会严重破坏我们的销售，造成成交的失败。当面对一场演讲时，在潜意识里，听众们会先做出一些设想。如果演讲者的观点模糊不清，观众听完演讲之后常常还是一头雾水，分不清重点，那么，听众们就不会采取行动来响应演讲者的呼吁。像彼得·林区和沃伦·巴菲特这类有着巨大影响力的投资者，他们有一个共同的原则，那就是只投资自己懂的、感兴趣领域的生意。因此当面对着他们时，如果你的演说主题支离破碎或者模糊不清，就会使他们在理解的过程中产生阻力，如果你几次解释他们还是难以理解，那么，他们的情绪就可能转成愤怒，最后对你的产品失去信心。

相反，如果演讲者能够轻松地让观众抓住重点，或者能轻松地说出听众的需要时，又或者能有效地用故事把听众打动时，这时，听众的购买就会水到渠成。整个过程本身也会让观众觉得比较舒服，非常利于我们建立起良好的客户关系，并使听众乐意进行二次购买。可见，有效的演讲可以帮助我们做更多我们想做的事，可以给我们创造更多财富。

那么，如何才能让我们的演讲更好地发挥说服作用，以便带来更多财富呢？方法有很多，在这里，我们向你介绍以下比较实用的两种途径。

1. 实用视频短片

著名沟通传播大师卡迈恩·加洛说："在演讲中加入视频短片能够让你的演讲鹤立鸡群。你可以播放产品广告、员工对产品的评价、产品的视频'写真'、人们使用产品的景象，还可以播放消费者对产品的好评。除了面对面交流之外，还有什么能比通过现场播放的视频听到其他消费者满意的声音更有说服力呢？"

需要注意的，尽管视频能够有效地集中听众的注意力，但如果视频过长，在播放的过程中，演讲者就不能很好地跟听众互动，这势必会影响演讲的效果。所以卡迈恩·加洛建议，在使用视频时，不要使用那些时长超过两三分钟的短片。

2. 现场呈现你的产品

只要你的产品适合现场展示，就一定要把产品展示写到你的演讲中去，让它成为你演讲的重要组成部分。听众们不仅想听到你对产品的演说，他们更想要看到、摸到、感受到你的产品。把真正的产品带到演说现场做"道具"，让听众们亲自看一看、亲自用一用、亲自摸一摸，这给他们留下的印象会更加深刻。所以，只要有条件，你一定要把你的产品呈现出来。

上述这两种方法虽不是万能，但却可以让你的演讲变得更有说服力。

语言是人脉、是吸金石

美国斯坦福研究中心曾经做过一项调查，一个人赚钱的能力到底靠什么？结果显示：一个人赚钱的能力，12.5%靠知识，87.5%靠人脉。可见，人脉就是人生中最大的财富。美国有句俗语："一个人能否成功，重要的不在于你懂得什么，而在于你认识谁。"人脉是一个人通往财富、成功的门票。没有人脉，成功是妄谈！没有人脉力，领导力是妄谈！

优秀的人总是会想方设法地去扩展自己的人脉，并将其视为自己重要的资本，及时把它存入自己的"人脉存折"，为将来积累财脉做好铺垫。他们积累人脉的方法有很多种，比如朋友的引荐、参加各种场合的聚会、利用老客户资源来开发新客户等，但不管用哪种方式积累自己的人脉，都离不开"说"，离不开你与别人的交流。就像被誉为"现代管理学之父"的彼得·德鲁克所说的："一旦你向前迈了一步，你的行动能否取得预想的效果就取决于你通过语言或文字与他人交流的能力。"可见，在人脉积累时，语言发挥着重要的作用，甚至可以说，语言是人脉的吸金石，能说、会说，说的方式和内容别人喜欢听了，别人就更愿意和你做朋友。

有一次，法国前总统戴高乐到美国访问，其间，尼克松夫妇为他举行了一次宴会。在宴会上，尼克松夫人费了很大劲亲手布置了一个美观的鲜花展台，在一张马蹄形的桌子中央，用夺目的热带鲜花衬托起一个非常精致的喷泉。

精明的戴高乐一眼就领会出了这是女主人为欢迎他而专门设计制作的，他脱口称赞道："漂亮的女主人一定为举行这样一次正式的宴会花费了不少时间与心思吧，这么漂亮、雅致的布置多令人赏心悦目。"尼克松夫人听了十分高兴。事后尼克松夫人说："大多数来访的大人物要么不加注意，要么只是临走时简单地说一声谢谢，但是戴高乐总统总是会顾忌别人的感受。"

戴高乐贵为元首，没有像其他那些所谓的"大人物"那样视而不见或简单地说声谢谢，他用细致的、赞美的语言，一下子说到了主人的心坎里，虽然简短，却让尼克松夫人备受感动，也给尼克松留下深刻的印象。

很多人在与别人交流时总习惯于泛泛而谈，他们根本抓不住"说"的重点，说了给别人也留不下深刻的印象。而有的人却能抓住细微之处，把话一下子说到对方的心坎里，让对方从心里愿意接受自己。可见，一个人语言的恰当与否直接决定了其人脉扩展的成功与否。

俗话说："良言一句三冬暖，恶语一句人心寒。"只有"良言"才能对我们的人际交往产生积极的意义。良好的言语可助人成功，可以让更多的人喜欢你；而蹩脚的言语可能会让你在与人交往的过程中，留下较差的印象。

在这样一个人与人之间交流空前频繁，每时每刻都需要语言的时代，说话效果的天差地别直接影响着我们和别人之间的关系，直接影响着我们人脉的积累。因此，我们必须要掌握一定的语言技巧，只有我们的语言到位了，我们才能把别人说的心情舒畅了，我们之间的关系才能更亲密；反之，因为语言不到位，引发彼此的矛盾，人与人之间的关系自然就会疏远。

人际关系的成功，往往是良好语言的产物。一个人越是掌握了语言的艺术，就越能用口语巧妙地表达出自己的思想感情，并且越是懂得语言艺术的人，就越懂得相处之道，就越利于我们人脉网的编织。那么，我们该注意哪些事项，从而确保我们的演说语言更具艺术性，更能吸引人呢？

1. 精练

演讲的语言要简明扼要，如果一个人的讲话总是拉拉杂杂、拖泥带水，甚至老是习惯长篇大论，很容易引起别人的反感。大家会觉得你这是在占用他们宝贵的时间，浪费了别人做要事的时间，别人能不对你反感？

2. 切忌照本宣科

听众最讨厌什么样的演讲者？照本宣科的演讲者。照本宣科只会让讲话变得更加枯燥，并且失去和听众们的所有眼神交流。听一名照本宣科的演讲者的演说，人们会觉得每一分钟都相当漫长，感觉就像是半个小时。不到几分钟，听众就开始烦躁，他们只能在心里默念"下去"、"快点下去"。

3. 切忌套话连篇

没有一个人喜欢言之无物、空洞虚泛的说辞，这会让听众觉得你不真实、太虚假、太浮夸，甚至是缺乏责任感，要知道这可是对听众的一种敷衍。就像我国著名教育家叶圣陶先生所说的那样："这些话在说出来之前，演讲者未免少了一点思考。你说不曾准备，没有什么可说的，那么为什么要踏上演讲台去呢？你说随便说说，没有什么意思，那么刚才的一本正经是不是逢场作戏呢？自己相信不过的话，却来说给大家听，又算什么品德呢?"

在演讲中吸引来众多朋友

这是一个越来越注重"说"的时代，应聘面试、竞争职位、领导别人等，都离不开"说"，你所说得越有说服力，就越能吸引别人，离成功就越近。能说是一种能力，会说是一种艺术。

会说话的人往往能更好地与人相处。在与别人相处的时候，如果他们有异议或者不满，他们不会勉强把自己的观点强加于人，更不会把自己的不满直接用毫无顾忌的方式发泄出来，他们要么运用和善的语言把别人引到自己的思想频道上来，要么淡化自己的感情色彩，很委婉地表达出自己的不满。和这些人相处，人们只有一个感觉：舒服！

美国前总统威尔逊在一次竞选演讲中，遭到了一个捣乱分子的挑衅。在当时，演讲正在进行当中，突然有一个捣乱分子站起来高喊："狗屁！垃圾！

臭大粪！"一语即出，全场的听众也都开始议论纷纷，都在等待着看威尔逊怎么羞辱这个捣乱的分子。这个捣乱分子的意思很明显，他是骂威尔逊的演讲不值得一听、臭不可闻。威尔逊对此感到生气极了，但他并没有粗口大开，他只是微微一笑，然后安慰这位捣乱的先生说："这位先生，少安毋躁，我马上就要谈到你提出的环境脏乱差的问题了。"随之，听众中爆发出持久的掌声和笑声，人们为威尔逊的机智幽默而喝彩。

当面对别人的不恭言行时，很多人第一个想法就是反击，与人反目为仇，谩骂指责，把想说的话说出来以解心头之恨。这样做一时或许真痛快了，但结果是什么呢？他们没想到，在把别人骂得狗血淋头之时，也恰恰暴露了自己人格上存在的缺陷。人们在这样的情景中看到另一个你——对别人如此刻薄，如此翻脸不认人，如此不留情面。你给大家留下了坏印象，在以后的生活或者工作中，别人只能离你远点，省得万一不小心得罪了你，也被你骂得狗血淋头。

一言可以兴邦，片语也可以让你失去朋友。一些人在演讲的时候，也会遇到别人的不恭言行，尤其是在做销售演讲的时候，有时还会遇到消费者的质疑甚至是刁难，这时候，直接发泄我们的情绪显然不合适，但不发泄，憋在心里也不好受。这时候，我们不妨把表示不满语言的感情色彩淡化一下，用比较隐晦的方式，而不是直接反驳甚至谩骂的方式让对方知道你确实不高兴了，这样一方面不至于破坏友好的气氛，另一方面还不会让其他人对你产生戒心，不会在今后的交往中对你敬而远之。

人们常说一个人的成功 20% 取决于智商，80% 取决于情商。在情商中，最重要的能力就是人际关系的处理能力。一个善于演说的人说出来的话好似具有一种魔力，能轻易拨动人们的心弦，能轻易地操纵人们的情绪。他们的话语能触动人的每一根神经，就算只有只言片语，似乎也可以使周围的空气跟着紧张或者松弛。几乎所有人都愿意和他们做朋友，因为凡事经他们一说，都变得更加有理有趣。

一名好的演讲家无疑有着好的口才，而好的口才又是人际关系的润滑剂。殊不知，现在公司里主动离职或者被"炒鱿鱼"的人，大部分都是因为他们处理不好人际关系，在这样一个讲究团队合作的时代，不懂说话，怎能与别人成为朋友？又怎能与人合作？

一个善于演讲的人，可以流利地表达自己的意图，也能把道理说得很清楚、动听，使别人很乐意接受，并愿意成为他们的朋友。俗话说："朋友多了路好走。"多一个朋友，有时就意味着为自己的生存开辟一条新路。所以，我们要敢于张开自己的嘴，用精彩的演说为自己争取更多益友，让自己的成功之路越走越宽。

懂得演讲就能搭建自己的圈子

一个人的成功87.5%来自关系，关系只是面对个别人的，而"圈子"却是关系的扩大化。圈子有很多，比如同事圈、同学圈、亲戚圈、商业圈……有机构做过一个调查，在众多的人际圈子中，按其重要性来看，排在首位的是同学圈。时下同学圈极为盛行，据说有一个由金融投资家进修班学员组成的圈子，仅有200多人，却控制着高达1200亿元的资金，确实惊人！可见，圈子的力量是如此强大！无数成功人士的经历告诉我们一个道理：有钱不如有"圈子"。

在 20 世纪，"要一间自己的房子"是人们共同的心声；在 21 世纪，"要一个自己的圈子"是人们共同的心声。坐着什么位子，住着什么房子，开着什么车子，都离不开一个与之相对应的圈子。融进了圈子，才能有位置，才能获得初步承认。媒体上有个词叫"圈内人"，什么意思？就是"自己人"的意思。进了圈子，我们便可以"自己人"的身份出入各种场合，办起事来也好办；打不进圈子，任凭你浑身是胆，顶多是个散兵游勇，很难出人头地。在这样一个重圈子的年代，物以类聚，人以"圈"分，只有找到自己的圈子，我们安身立命才会有底气。

圈子的作用，古已有之。我国古典名著《水浒传》中的一百单八将为什么能对北宋王朝构成巨大的威胁？就是因为他们加入到了梁山泊这个圈子。如果不加入这个圈子，各个只能算是散兵游勇。武松能打，打得过大宋的千军万马吗？吴用善谋，若不是进了梁山泊这圈子，哪有他施展才能之地？但当这些散兵游勇联合起来，大宋可就难对付他们了。进不了圈子，你永远是孤身一人，力量卑微；进了圈子，你就有了可联合的人，力量强大。所以，要在现代社会上立住脚跟，我们必须要建立自己的圈子。

建立和完善圈子的途径有很多，有的人借父母的关系建立自己的圈子；有的人打通网络这条虚拟的人脉通道，完善自己的圈子；还有的人通过参加各种高档培训班，来拓展自己的圈子……那你知不知道，演讲也是我们搭建自己圈子的一种有效途径呢？

很多人都渴望成为领导人，要成为领导人，我们就必须要寻求更多人的支持，就必须获得并拥有更多的追随者。如何找到我们的追随者？通过演讲。毕竟不管你有多好的想法和理念，如果你不能把它说出来，别人根本不知道你的想法有多好。不说出来，再好的想法都没有用！很多人都希望自己通过竞选，当上村长、乡长、县长、市长等，各种竞选都离不开竞职演说，会不会公众演说，其结果也有着天壤之别！俗话说："人脉就是钱脉，圈子就是实力。"当我们学会公众演说时，我们就能结交更多的朋友，我们就能获得更多的支持者与追随者，就可以在竞选中胜出，做一名领导者。

我们还是打个简单的比方来说吧，假设一场演讲能让 100 个人认识你，咱们且保守地计算，就假设这 100 个人当中只有 5 个人认同你的观点，并成为你的朋友。如果每天我们只讲一场，一个月下来是 30 场，也就是说一个月下来，会有 3000 个人认识你，就会有 150 个人认同你的观点，并愿意成为你的朋友！那么，一年下来差不多就会有 3 万个人认识你，差不多能结交 1500 个志同道合的朋友。那 10 年下来，差不多会有 1.5 万个志同道合的人愿意支持你。这么多支持者当中，肯定又有不少人愿意成为你的追随者。有这么多人愿意支持你、追随你，你做什么不能成功？反之，如果你不会公众演说，一年下来你就会失去很多交朋友的机会，你就会失去很多愿意支持你、愿意追随你的人，这对搭建你的圈子是非常不利的。所以，如果你想更快搭建自己的圈子，就不妨先学会演讲。

你看看那些聪明的人，他们都擅长用演说来寻求更多支持者，奥巴马就是这样一个聪明的人。赖特问题是奥巴马竞选之路上最为棘手的问题之一，这位年事已高的黑人牧师是奥巴马 20 多年的精神导师，他引领奥巴马成为基督教徒，并为奥巴马主持婚礼。但也是这位黑人牧师，他对美国白人的痛恨到了极点，并发出了很多对美国大为不满的说辞。在奥巴马竞选总统时，对手以此事作为奥巴马的把柄大肆宣传，以动摇奥巴马的位置。那么，奥巴马是怎么处理这个问题的？

全世界的人都以为奥巴马会以开一个记者会的形式道歉，然后迅速想办法淡化人们对此事的关注。可结果呢？完全不是这样！2008 年 3 月 18 日，奥巴马在费城当着无数双眼睛发表"一个更完美的联邦"的演讲。

奥巴马演讲的第一句话就是："对不起，我不能断绝和那个黑人牧师的关系。"此话一出，全场愣住。所有的人都期待奥巴马骂人，可他没骂。接着他娓娓道来，演讲快接近尾声的时候，他深情地说："我要接受我的牧师，因为那是美国的一部分，也是我不可能脱离的一部分。但是这个牧师犯了一个最大的错误，这个最大的错误并不是他偏激的种族言论，而是他竟然忘了美国是一个不断进步的国家，更是一个会改变的国家。"而"改变"这个关键的词，就是奥巴马竞选的纲要。

在此之后，全世界的媒体纷纷对奥巴马的这篇演讲给予好评。奥巴马的演讲简直获得了全世界的赞赏，大家甚至认为这是同林肯的就职宣言一样伟大的宣言。这篇宣言式的演讲完全征服了美国人的心。

奥巴马太厉害了，他深知自己国家总统的竞选，与其说是各方势力的较量，还不如说是竞选总统个人演说的"大比拼"，因为历来那些胜利者的演说水平都是令人称道的。

因此，要更快速搭建我们的圈子，不妨学学奥巴马，用精彩的演说去征服他人的心，让他人心甘情愿地做我们的支持者。

学会用演讲吸引人才

荀子在《劝学篇》说："假舆马者，非利足也，而致千里；假舟楫者，非能水也，而绝江河。君子生非异也，善假于物也。"意思是说，借助骑马的人，不一定是跑得快的人，却可以行千里路；借助小船的人，不一定是会游泳的人，却可以横渡江河。君子与别人不一样的地方，是擅长借助身边的事物。这段话强调的是，与一般人比，君子并没有本质上的区别，他们之所以能成大事，是因为他们懂得借力。管理就是借力，人才就是竞争力，就是实力。一个真正有为的领导，一定是善于网罗人才的高手。所谓"一个好汉三个帮"、"众人拾柴火焰高"，管理者只有不断网罗人才，让人才为我所用，才能增强自己的力量，取得最大成功。

中国有句谚语："没有追随者的人只是在散步。"要吸引追随者，领导者除了要视野和责任外，还要具备鼓舞或"煽动"他人的能力，如果不具备这样的能力，我们就没法更有效地吸引他们。

要做到鼓舞或"煽动"他人，很有效的一个方法就是——公众演说，即我们所说的演讲。有人说，上台演说可以让世界最顶尖的人才为你所用，站在制高点上，用人的概率会大大提高。一位著名的演讲家说："演说有三个境界，第一个境界是有掌声，第二个境界是能现场成交收钱，第三个境界就是收人心。"这里的"收人心"，实际上就是将人才为我所用，这是演讲的一个重要作用，也是演讲的最高境界。

丘吉尔能让美国提前参战，奥巴马能顺利赢得总统大选，马云能创办阿里巴巴……一流的公众演说能力起了非常关键的作用。看看那些招兵买马的高手，他们无不拥有一流的演说能力。事实也是如此，一个拥有一流演说能力的人，他们更擅长做思想工作，更擅长在"润物细无声"中影响和感染别人，能在更短的时间内吸引最多的人才。

我国著名的钢铁基地攀枝花钢铁基地（以下简称攀钢），急需大批受过高等教育的专业人才。但因为偏远，许多人根本不愿到攀钢去，致使攀钢的专业人才急缺。于是，攀钢就主动派人到各大院校招揽人才。

这一年，地质工程师杨实接受了这一任务，如何让招揽人才的工作更顺利？杨实从接到任务那一刻起就开始思考这个问题。对，用演讲的方式。在北京的某大学里，他使出自己在海外当《华商报》记者时的全部本事，用诚挚的语言，面对着年轻的大学生们，来了一场振奋人心的演说。我们且来欣赏他的精彩演讲：

"我从海外回到大陆，怀着一颗赤诚的报国之心，考入大学地质系。唱着《地质队员之歌》，走遍了祖国的山山水水，为国家寻找无尽的宝藏。1964 年，我告别了地质研究所，从成都出发，五天五夜后来到一个叫诸葛营的小山村，就是三国时期诸葛亮'五月渡泸，深入不毛'时安营扎寨的地方。这里是公路的尽头，前面横亘着重重大山。勘探仪器和行李全用马驮着，几十个人步行了两天才到达攀枝花。这里是高山峡谷，村里只有 7 户人家。没有住处，晚上就睡在老乡的猪圈上面。没有蔬菜，就吃辣椒盐巴拌干粮。苦吗？苦！累吗？累！想回北京吗？想！但是有什么比用自己劳动换来的果实更令人沉醉的呢？经过艰苦的地质勘探，我们终于发现了这个神秘的聚宝盆——攀枝花，共有 100 亿吨铁矿石、240 亿吨远景储备量，还有 37 万两黄金、1137 吨银、284 万吨铜、79 万吨锡，一位外国专家感叹地说："上帝太不公平了，把这么多宝藏都埋在了中国的攀枝花！"现在，一座现代化的钢城已巍然屹立，那是中国一代知识分子和工人辛劳与智慧的结晶啊！什么是青春、生命、事业和荣耀？那就是当他回首往事的时候，不会因碌碌无为而羞耻，也不因虚度年华而悔恨。面对着祖国飞奔的列车，他会自豪地说，有我们生产的钢铺设在千里铁路线上；面对着漫天灿烂的霞光，他会无愧地说，那里有我鲜红的血液！"

精彩的演讲一结束，雷鸣般的掌声就响彻了整个礼堂，同学们欢呼着簇拥着，几乎要把杨实抬起来。晚饭后，没有听尽兴的同学们来到杨实下榻的招待所，长长的走廊被大学生们挤得水泄不通。演讲的第一天晚上，就有 70 名大学生主动向学校提出申请，他们要求分配到攀钢。

这就是演讲的魔力！杨实用演说为攀钢招到了大批专业的人才。他的演讲之所以打动人，主要得益于三点：

一是真实。杨实的演说没有虚假的成分，没有夸张的水分，他实实在在地讲攀钢的事业，实实在在地讲对大学生的优厚待遇，实实在在地讲自己的感受，实实在在地讲攀钢的过去、现在和将来，正因为真实，才换来了大学生们的相信。

二是具体。在讲到攀钢是神秘的聚宝盆时，杨实用了一连串的数字，让大学生们在为攀钢感到自豪的同时，也感受到攀枝花太有吸引力了，不去攀钢简直枉今生啊！

三是抓住了听众们的心理。杨实面对的听众是谁？是一群热血沸腾的年轻大学生，他们血气方刚，追求生命的意义，更渴望建功立业报效祖国。杨实在演讲里谈到了青春、生命、事业和荣耀，这些话题恰恰能在大学生心中引起强烈反响和共鸣。从演讲中，同学们似乎看到，到攀钢去立业、去建功，天会更广，地会更阔，青春会更美丽，生命会更加有意义！

用演讲招来你的人生伴侣

男女之间谈恋爱，重在一个"谈"字，谈得好就进了一家门；谈得不好，必然分道扬镳。可见谈的口才在恋爱交往中，有着举足轻重的地位。爱情是不断交流的结果，如要对接得好，必须借助于语言这个强大的工具。在全民口才热的大环境下，"沉默寡言"的拘谨者绝不是大家心目中的理想对象。相反，你若能谈吐自如，更有可能赢得对方的好感。

李德全就是拥有出色的口才有幸和冯玉祥将军结为连理的。当年，冯玉祥采取对话的方式选择自己的伴侣。冯玉祥先问对方："你为什么要和我结婚？"有的姑娘羞涩地说："你是大英雄，我爱慕英雄。"有的姑娘说："你有理想、有抱负，我喜欢充满理想的人。"俗气一点的姑娘直接说："因为你是将军，和你结婚就是将军夫人。"对于这些毫无新意又千篇一律的回答，冯玉祥实在是不满意。直到他遇到了皮肤黝黑、相貌平平的李德全，冯玉祥才露出满意的笑容。冯玉祥问："你为什么要和我结婚？"李德全从容又有点霸气地说："上帝怕你办坏事，派我来监督你！"幽默中尽显才智，李德全出众的口才使冯玉祥十分佩服。在他们接下来的谈话中，李德全亦是妙趣妙语不断，就这样，他们一拍即合，订下了百年之好。

俗话说："言为心声。"如果口才了得，能轻松地驾驭"语言之车"，那么，当你情窦初萌与恋人接触时，你就可以清楚地将自己丰富的思想、复杂的情怀、微妙的心声用最妥帖的言语表达出来，让对方知晓你的心。对方一定会被你的坦率大方、谈吐自如所打动。

在莎士比亚著名的悲剧《奥赛罗》中，奥赛罗之所以能获得苔丝狄蒙娜的芳心，就是因为他能用出色的口才动情地讲述自己的人生经历。奥赛罗是一个黑人，他聪明过人，英勇无比，每次派他出战，总能大获全胜。年纪轻轻的他早已屡建奇功，名声赫赫。正因为如此，奥赛罗深得元老院元老勃拉班修的器重。勃拉班修对奥赛罗充满了英雄崇拜色彩，他经常邀请奥赛罗到自己的家里做客，每每这时，勃拉班修总要求奥赛罗讲述他自己传奇般的人生经历。

而每当这个时候，奥赛罗也总能用最富有吸引力的语言把自己的故事讲出来。他把自己的经历原原本本地从童年讲到青年，他讲述了可怕至极的灾祸，讲述了海上、陆上惊人但不乏趣味的奇遇，他讲述了自己间不容发的脱险经历，以及是怎样被俘为奴，又是怎样遇赎脱身的经过，他像一位久经沙场的将军淡定而又充满气势地讲述着旅途中的种种见闻。就在奥赛罗动情地讲述自己的经历时，勃拉班修的独生女儿苔丝狄蒙娜在一旁非常仔细地听着，她彻底被感染了，从而她深深爱上了奥赛罗。后来，两人终成眷属。

会演讲的人都拥有出色的口才，适当的时候，运用你的口才，向对方讲一讲你丰富的人生阅历，讲一讲你自己的旅途见闻、难忘的奇遇，就像一位走遍大江南北的旅游爱好者，当你能滔滔不绝地向对方畅叙你"伟大"的亲身经历时，这比一百句情话更具感染力。

的确，演讲中，很多人都很擅长讲自己的故事，与照搬照抄别人的故事相比，一个人的亲身经历更能吸引人，因为自己亲身经历过的事情，往往感受最真切、最具体、最翔实，在演说的时候也最生动、最形象、感人。特别是当他说到自己的故事时，实际上就等于把自己与众不同、充满魅力的另一面展现给了别人，因而更容易获得别人的认可。而对于喜欢你的人而言，这更容易让你获得她的芳心。

让他人觉得"没意思"是人生最大的悲哀

什么样的演讲才叫"有意思"，就是你所讲的有人愿意听，有听众为你喝彩。你所讲的内容让人觉得言之有理、言之有物、言之有味，让人喜闻乐见，让听众一下子就看到你的才气。据说，一次短篇小说大赛，按照要求，作品必须要涉及政治、宗教、性和悬念。结果得金奖的小说，全文只有 11 个字："上帝啊，女王怀孕了，谁干的?"虽然这件事的真实性有待于考证，但作者的独具匠心不得不令人称奇。什么叫"有意思"? 这就叫"有意思"，让人看了听了有种拍手称赞的冲动。

著名的演讲家殷亚敏先生把讲话分为"三流"："一流讲话者，好听又好记;二流讲话者，好听不好记;三流讲话者既不好听又不好记，那就没有人听了。"在一场演讲中，最大的失败就是让观众觉得"没意思"，一场演讲下来都是昏昏欲睡，没人喜欢枯燥无趣的内容。那么，我们在演讲中如何做到"一流"，做到好听又好记呢?

要做到"好听"，有两个技巧:

一是讲故事。抽象的很难理解的话题，很容易让人感到厌烦，相反，生动的故事大多可以一下子引起听众的兴趣，一下子就抓住听众的心，让人不由自主地想听。演讲最忌讳一些空话、套话。所以选择好的故事素材是非常重要的。在讲故事的时候，我们也可以用与自己相关的故事开场，通过讲述我们的亲身经历，可以迅速拉近我们与听众的距离，同时也会使我们的主题得以认可。

二是用形象的数字来论述你的论据，这种方法将会使你的论述倍显生动。2000年9月19日的《纽约时报》中，有一篇题为《在朋友的帮助下，大熊猫奇迹生还》的文章，作者简布·罗迪讲述了一个体重只有150克重且刚出生的大熊猫，在它重达90千克的母亲的照顾下生存了下来的故事。作者说："这样悬殊的体重差距，即使大熊猫妈妈翻个身也能把大熊猫宝宝压死。"紧接着作者用了一个比方和四个很具体的数字来进一步阐述，简布·罗迪说："如果人类中存在这个比例母子的话，那么就相当于一位重60千克的母亲生出一个只有70克重的婴儿。或者说，一个3千克重的婴儿其母亲将可能重达2800千克。"这两组很具体的数字，使大家一听就明白了大熊猫母子之间存在的巨大体重差异。

一篇好的演讲除了好听还要好记，如果人们在听完你的观点后一问三不知，只觉得热热闹闹，等乐完了却依然复述不出你的观点，这不能算是好的演讲，好的演讲是让观众能记住你的观点和思想才行。如何做到"好记"？要做到"好记"，最重要的是"简化"你的观点。

所谓"简化"，就是在演讲的时候，尽量把长观点压缩到四个字以内，最好是一个字，然后再一一解释给听众，字越少越好记，越符合人们的认知规律，而且听众们也就越能尽快记住。比方说，孔子的"仁、义、礼、智、信"，就是一个字一个观点，非常好记。特别是当我们的演讲有两个以上的小观点时，我们可以把它压缩成一个大家耳熟能详的常用词，然后再把它串在一起即可。

除了好听好记外，好的演讲还应该好用，就是所讲的东西有针对性，是对人们有帮助的，能够帮助人们解决急需解决的问题。

总之，不管你采用何种方法、何种形式，衡量我们演讲优劣的标准只有一个，那就是是否抓住了听众的注意力。抓住了听众的注意力，就是优秀的演讲；抓不住听众的注意力，那就是糟糕的演讲。如果你置身于讲台之上，兴致勃勃地演讲你的话题，而场下的听众却全都心不在焉，那么你的演讲形同虚设。

主动接触他人不如让他人主动走向你

在我们的印象里，要获得成功的人际关系，就必须遵守一个重要且被大家公认的原则——主动出击原则。也就是说，我们要想拥有良好的交际局面，就一定要做那个先开口先做事的人：主动跟陌生人打招呼、主动找同事们谈话、主动发祝福的短信、主动帮助别人。

因为我们觉得，每一个人都渴望得到别人的关注和尊重，对自己主动示好的人往往也会心存好感。大多数情况可能是这样，可很多时候，当我们主动去接触有些人的时候，他们却依然不愿意走进我们。这些人总觉得我们主动接触他们，主动对他们好是另有目的。在他们的头脑中，总觉得别人不可能无缘无故对自己感兴趣。遇上这样的人，我们的主动交往不但不会引起他们的积极响应，反而使自己陷入窘迫、尴尬的境地。如何摆脱这种情况？最好的办法就是让他主动走向你！

别人凭什么主动走向你？除非你身上有磁性！对，就是磁性！卡耐基说："磁性是演讲者所应具备的一流素质，也是人们一直在演讲者的身上所寻觅的东西。"人们喜欢聚集在什么样的演说者身边？当然是喜欢聚集在那些精力充沛、活力四射的演讲者周围。

我们经常会看到这样的现象：差不多的演讲题目，差不多材料论证，为什么有的演讲者周围可以人头攒动，而有的演讲者周围却寥寥几人呢？是因为演讲题目使然，还是材料论证不到位？当然不是！答案就在演讲者本人那里。那些被围得水泄不通的演讲者，浑身总能散发着活力和生机，在演讲时，他们总能表现出兴趣无比浓厚的样子——这使他们的表达富有激情，让听众们觉得他的演讲是那么的有趣，所有这一切，使得这些演讲者及其演讲变得引人注目。

但凡演讲者都想拥有这种磁性，都想让自己变得引人注目。那么，有什么方法可以帮我们达成目的吗？有！在心理学中，有一个著名的法则叫吸引力法则，它由励志书籍《秘密》普及开来。吸引力法则简单来说就是：你关注什么，就会吸引来什么。

在西方，人们通过吸引力法则发现了一个惊人的秘密：如果人们坚持不懈地关注心中的某个想法，那么，他的行动也会在不知不觉中向他所想的方向发展。比如，你坚持不懈地关注快乐，那么你就会想方设法让自己变得更快乐；比如你关注感恩，那么你就会把感恩默念在心，并通过行动让自己的生活充满感激和阳光。其实，吸引力法则更多的是强调心态的作用，强调意志的作用。所以，勇敢地去想，勇敢地去做，充分发挥我们意志的作用，用自信与活力去代替胆怯与恐惧。

根据吸引力法则，当我们面对公众演说时，我们要时刻关注自信，并激励自己通过一些行为让自己看起来确实自信满满，比如挺直你的腰杆，直视你的公众或者是做做深呼吸，让自己轻松地出场等，这些都能给予你勇气，让你看起来充满生机与活力。

实际上，懂得吸引力法则的人，往往也是社会中最具成功素质的人士。他们不仅能使自己活在快乐的氛围中，还会对周围的人产生积极的影响力。有积极的影响力的人，无论走到哪，都有那么一群人会被他影响，而他自己也顺理成章成为值得爱、值得去关注的人。

著名的奥弗斯蒂德教授在其著作《影响人的行为》中说："爱生爱，如果演讲者面对听众显示出活力和浓厚的兴致，那么，听众们也会回应给演讲者兴奋的情绪；反之，如果演讲者面对听众们皱起眉头，那么，听众们往往也会对演讲者心生反感。"

情绪是可以相互传染的，如果演讲者总是面带微笑，并表现出自信的姿态，这会让听众们觉得这位演讲者是如此钟爱自己的演讲事业，因此听众们乐意走近他，乐于送去自己对他的支持。反之，如果演讲者总是一脸无精打采、一脸冰冷，好像是硬赶上架子的鸭子，对于这样的演讲，人们同样会报以冷漠的态度。

说出来别人才会听，才会感兴趣

一名心怀信念的领导者，如何才能让自己的信念变成现实？很重要的一点就是：把信念说出来。领导者只有坚定、清楚、响亮地把自己的信念说出来，传递出去，才能让足够多的人听见，才能让更多的人响应你，才能产生规模效应。

1999 年，马云决定重回杭州进行第三次创业，在他的家里，面对着 18 位和自己志同道合的仁兄仁弟们，马云大手一挥："从现在起，我们要做一件非常伟大的事情。我们的 B2B 将为互联网服务模式带来一次革命。我们必须准备好接受最倒霉的事情。但是，即使是泰森把我打倒，只要我不死，我就会跳起来继续战斗！"在马云的激情号召和坚定信念的激励下，18 位同仁加上马云一起信心满怀地干着他们的"革命"，这就是阿里巴巴的前身。

不说出来，再好的想法它永远只是一个口号，永远变不成现实。只有说出来，别人才能听到你心里的想法，也只有说出来，才知道别人是否感兴趣，如果感兴趣，在你说出来之后，别人才能做出相应的行动来响应你的呼吁。

很难想象，一名不懂得"说"或者"不会说"、"不敢说"的领导，如何在工作中支撑局面。实际上，无论是什么样的领导者，在领导活动中最重要的管理手段都是"说"，布置任务需要"说"、讨论方案需要"说"、提供信息需要"说"、宣传鼓动需要"说"、公关协调需要"说"……我们没见有哪一名领导者不"说"，下属凭借自我猜测就能进行工作的。事实上，一名领导者的说话能力，常常也被当作考察领导综合能力的一个重要指标。所以，谁越能驾驭自己的"舌头"，谁就越能成为优秀的领导。

可现实是，很多人并不敢说。我们经常看到这样的情景：一位能力出众的主管要做演讲了，他走到无数张面孔前，突然，脑海里一片空白，腹内开始绞痛，然后说出他的第一句演讲词："对不起，我想去趟洗手间。"他是什么急性病发作了吗？不是！他只是害怕站在大众面前说话，以至于造成他的过度紧张。

紧张似乎是困扰所有演讲者的一个最大难题。可事实上，紧张并不可怕也不丢脸。执行通信集团的主席和创始人吉乌利亚诺说："自从踏上通往讲台的阶梯开始，紧张就开始了。你能想象惠普公司首席执行官卡莉·菲奥里纳在演讲时每分钟心跳是多少次吗？"可见，任何人在开始演讲之前都会紧张，只是紧张的程度不一样而已。

对于如何克服紧张？吉乌利亚诺说："对付紧张的第一条防线是反复排练。"美国著名心理学家斯金纳也不断强调排练的重要性，并且他给出了的非常实用的建议——"三步走"排练法。

"三步走"排练法：第一步，让演讲者熟练运用在接下来的演讲中将要用到的设备来进行练习演说，不管是念稿子还是看着投影屏幕，这都会使演讲者提前感觉到自己的发音自然与否；第二步，重点练习语速的掌控和自己要在接下来的演讲中需要突出的关键词；第三步，进行实地演练到你接下来的演讲所在地进行练习，这会让你提前熟悉周围的情况，熟悉各种设备的情况，并确定自己的位置。

不要觉得反复的练习没有必要，很多管理者认为反复练习会让自己失去新鲜感，于是根本就不排练。结果在演讲时，意外百出，令他们措手不及。

正如卡耐基所说的："这正如在战场上，如果带着早已经被打湿的火药和空的炮弹壳，甚至是一点弹药也没有的炮弹，却妄想克服敌人带给你的各种恐惧和各种紧张，这岂不是一种奢谈？在演讲毫无准备、毫无排练的情况下，即便是私底下的一点小小的疑问，当被置于公众的面前时，也将会变得迥然不同。就像林肯自己在白宫说过的，'当我面对别人的疑问，感到实在无话可说时，即使经验再老道再多，我也会感到非常尴尬、非常紧张'。"

学会用语言去展示自我与众不同的一面

当众讲话是一种能力，当众讲话也是领导者形象的组成部分。一个人讲话总要出现在大家面前，就是自己的形象展现给大家的时候。演讲的过程也是一个人自己的形象展示、推广、树立以及传播的过程，通过我们的演讲，我们的形象在别人心目中一次又一次地重塑，让别人看到一个更多面的我们。同时，演讲具有强大的社会效应，也是一个人思想水平和各种才艺的集中亮相。通过演讲，也能让对方看到一个人与众不同的魅力。

我们敬佩那些伟大的政治领袖，也很敬佩那些优秀的企业家，他们都是社会瞩目的焦点。我们能领略到他们的风采，见识他们与众不同的一面，很大一部分是通过他们的演讲。

每一个人都有很多面，在平时的工作和生活中呈现给大家的是一个"他"，但在演讲中，呈现给大家的可能是另一个"他"。工作中的乔布斯和演讲中的乔布斯就是如此，几乎是判若两人。

乔布斯在被自己创立的公司解雇前，从来都是独来独往，他骄傲、粗暴，像一个高高在上的国王，拒绝与人合作。他手下的很多员工都躲避他，很多人甚至都不敢和他同乘一部电梯，因为这些人害怕在还没出电梯前就已经被乔布斯炒了鱿鱼。就连他亲自聘请的优秀经理人——原百事可乐公司饮料部总经理斯卡利都愤然宣称："苹果公司如果有乔布斯在，我根本就无法执行任务。"对于势同水火的两人，董事会顺应民意，让善于团结员工的斯卡利留下，解雇骄傲、粗暴、瞧不起员工的乔布斯。

卡迈恩·加洛在《乔布斯的魔力演讲》中说："一些跟他（乔布斯）的人际交往风格相关的说辞，就不那么好听了。乔布斯是一个复杂的人，他能够创造出非凡的产品，拥有无数忠心耿耿的追随者，但有时也能把人活活吓出病来。他是一个充满极致的完美主义者，极具想象力和远见，这两个特点使他成了一个易燃易爆的危险品，一旦事物不以他认为的方式存在，他瞬间就会被点爆。"

这就是工作中的乔布斯，简直有点不敢恭维。但演讲中的乔布斯却完全不是这样。卡迈恩·加洛说："经常用来描绘乔布斯的词语包括'令人难以抗拒的'、'有魔力的'、'最能虏获人心的'和'魅力非凡'等。"在很大程度上，大家对乔布斯充满信心，并为之疯狂，得益于他的演讲。

演讲中的乔布斯，脸上总是挂着微笑。韩国金炅泰在《乔布斯演讲会》一书中写道："当乔布斯走向台上说出第一句话之前，首先映入人们眼帘的是乔布斯的微笑。""他从演讲台的边缘走向中央，在开始演讲的第一句话之前，将目光投向听众席上的每个角落。当然，即便是这个时刻他也仍然充满了微笑，向前来听演讲的听众传达欢迎的信息。然后，他才开始讲第一句话。"

乔布斯的微笑让听众看到了他的和蔼可亲和从容自信。一个人的魅力其实很简单，微笑了，就有魅力！当一个人站在台上，未曾开口先有笑，就已经吸引了观众的眼球，就已经展示出了他的魅力。诚如星云大师所说："一束鲜花，不如一脸微笑；笑容，永远是世间最美的色彩。"

不管生活中的你是什么样的，学会演讲，总能让别人看到一个不一样的你。如果生活中的你本来就很自信，学会了演讲，人们可以看到一个更加智慧的你；如果生活中的你不是很自信，当你学会演讲，并敢于登台演说时，人们会看到一个变得自信的你。总之，学会演讲，用语言去展示自己与众不同的一面，让别人看到一个更全面的自己，会让我们的人际关系更和谐。

且听下回分解，必须让对方有所期待

讲话如何吸引人？悬念法就是吸引人往下听的有效方法。说书人常说"欲知后事如何，且听下回分解"，这就是悬念法。利用悬念，可以唤起听众们的好奇心，让听众迫不及待地想听下面的内容。

在一个农贸市场上，一位很挑剔的顾客对摊主说："你这儿好像也没有什么新鲜的玩意儿可以买。"摊主说："是啊，有很多人也这么说过。"当顾客正为自己的评价得意洋洋时，摊主接着微笑地说："可是，（他稍微停顿了一下）他们后来全都改变了自己的看法。""真的吗？为什么？"顾客迫不及待地想知道答案。于是，摊主抓住机会，开始了他的正式推销，几分钟后，这位聪明的摊主又成交了一笔生意。

很多时候，顾客根本听不进营销人员的话，尤其是顾客在固执己见、一意孤行的时候，他们更会对营销人员的话不屑一顾。这个时候，我们不妨设置一个悬念，以此来激发对方的好奇心，对打破这种不利的说服局面是非常有效的。同样，在演讲中，设置悬念，让对方有所期待，会让我们的演说更加有吸引力。

很多年前，伟大的建筑学家赖特在匹兹堡曾做过一个很有意思的演讲。他的开场白非常奇特："这是我所见过的最为丑陋的城市。"此言一出，令在场的每一位匹兹堡市民都张大了嘴巴，所有人在脑袋里都闪过一个大大的问号，"最丑陋？到底是什么可恶透顶的经历让他这么评价我们的城市？"——为了弄清楚为什么，人们自始至终地都认认真真地听赖特道出个中缘由。

根据当时一项权威的社会调查显示，匹兹堡市是美国最具吸引力的城市之一。按照人们的逻辑，匹兹堡在任何人眼里都应该是个美丽的城市，可赖特深知，如果像别人一样循规蹈矩地开场："女士们、先生们，下午好，我很高兴站在这么美丽的城市演说。"绝对引不起听众们的注意。赖特不拘一格，以设置悬念开场，吊足了听众们的胃口。虽然他一开始就将自己置于听众的对立面，但这却使他的演讲收到了奇效。

没有人喜欢听俗套的观点，人人都喜欢新颖的、独特的观点，设置悬念，能很有效地激发听众的好奇心，在带给他们新鲜感的同时，刺激他们一步步去探究、去了解，水到渠成地把他们带进你早就为他们设下的"圈"。那么，我们如何在演讲中设置悬念？

1. 正话反说

正话反说，就是在表达某种意思或说明某个问题时，不从正面说出，而从反处说起，用同本意正好相反的话语来表达本意。如字面上肯定，而意义上否定，形褒实贬；或字面上否定，而意义上肯定，形贬实褒。

正话反说是拐弯抹角的迂回表达，也是产生幽默感的有效方法之一。在说话时如果巧妙运用富有感染性和迁移性的语言抒情达意，来个反其道而行之，可以使话语含蓄风趣、跌宕多姿，产生出人意料的"笑果"，更会让幽默耐人寻味、增辉添彩。就像上述赖特的演讲，与人们熟知的观点唱唱反调，是一种激发人们好奇心的不错方法。

2. 运用口诀

这种方法是，把我们演讲的观点压缩成几个字的口诀，在吊起他人的胃口之后，再给予解释。

王克勤先生在《演讲与口才》中讲过一个"观世音菩萨"的例子。这个例子说，刘文典是当年清华大学著名的教授，他曾经说："凡是别人说过的，我都不讲；凡是我讲的，别人都没有说过。"本着这样的信念，他所讲授的每一堂课学术性强、内容新、语言独特。事实上，清华大学里不乏怀疑的学生，刘先生如此敢发这样的大话，那我们就要探个虚实。

有一次在课堂上，几个学生大声问："先生对写文章可有何高见？"刘文典先生不紧不慢道："这个问题问得好。"随即他朗声念出 5 个大字："观世音菩萨。"

"观世音菩萨？"在场的学生全都露出愕然的表情。这都是哪儿跟哪儿呀！不少学生窃窃私语："先生定是看《西游记》看多了。"

刘先生依然不紧不慢，他解释道："观即多多观察生活；世即须要明白世故人情；音即讲究音韵；菩萨就是要有救苦救难、关爱众生的菩萨心肠。"

众学子恍然大悟，果然是高人出高见——非同凡响啊！仅仅5个字，就把写文章的学问精准地概括了出来，学生们无比佩服。

在这里，刘先生的"观世音菩萨"就是一个典型的口诀，他把自己要表达的长长的观点压缩成看似答非所问的5个字，这就是一个悬念，词语一出，让所有的学生立马愕然，这一愕然，学生们的好奇心全被激了起来，他们不由自主地就想接着往下听。由此可见，悬念的作用之神奇。

需要指出的是，口诀化的观点字数越少越好记，最好不要超过6个字，这更符合人们的记忆规律。另外需要强调的是，演讲要吊足对方胃口，让对方有所期待，最好是在开头就设置悬念。

讲话的开头，是你吸引听众的最佳时机。经过你平淡的自我介绍之后，听众们在台下早已期待着来点出乎他们意料的演讲。他们可不希望自己是在浪费时间。这个时候，听众正处于一种期待状态，此时，你的开场白要是能给听众献上开胃甜点，设置点悬念，你就可以一下子抓住听众的兴趣，那么，接下来你便可以尽情发挥你的才华了。

我们来比较一下下面的两个开场白：

"大家好，我是刘××，今天我要给大家讲的是，吃哪些食物可以减少疾病……"

"女士们、先生们，在演讲开始前，请允许我问大家一个问题：大家愿意再增加15年的寿命吗？如果愿意，那你今天可不要走神喽，因为我要教给大家15个非常简单且已被证明了的能够使你增寿15年的方法……"

不言而喻，第二个开场白要比第一个吸引人得多！因为演讲者使用了悬念。设置悬念是激发听众兴趣并向下一个步骤推进的铺垫。这个铺垫做得好，就会让你在一开始就抓住听众的心，这对我们的演讲是非常有利的。相反，如果在一开始你抓不住听众的心，接下来的时间你将非常尴尬，因为人们的兴奋点不会持续很久。所以，为了让我们的演讲更有吸引力，我们不妨学着使用悬念。

在"诚"与"演"之间抉择

百事公司副总裁约翰·斯卡利说："营销就是戏剧，就是登台表演。"意思是说，要做好营销，不光要有好的产品，还要有吸引人的推销活动，最好像戏剧一样，其活动过程要有高潮、有尾声，营销人员也应该像演员一样，不断雕琢自己的演技，不断进行一遍遍排练预演。

好的演讲也应该是如此，演讲的内容不光做到言之有理、言之有物，不光要真实，演讲者还应该懂得用一种更吸引人的方式力求让自己的演说达到最佳效果。最好是让自己的演讲变成一部舞台剧，在演讲中策划一些冲突、高潮以及电影电视中必备的一些元素等。像大师级的乔布斯那样，让自己的演讲在"诚"与"表演"之间游走。

乔布斯是一位大师级的演员，对于每一次演讲，他总是会不断雕琢自己的演技。每一幅图片、每一个动作他都力求真实，让自己的表演做到自然。乔布斯又是一位大师级的导演，在每一次演说开场之前，他总会先策划好一切。在他看来，演讲就是演戏，没有精彩的策划，点燃不了听众的激情，那实际上是对听众的一种不负责。

在乔布斯的观念里，他坚定地认为：演讲的整个过程应该和戏剧是一模一样的，应该包含戏剧的一切元素。他把自己每一次产品演说都打造成一个故事，在演讲开始之前的很多天，他就开始用纸笔勾勒这个故事的轮廓。在勾勒完轮廓之后，他就开始着手雕琢那些细微的元素，比如，他会仔细地考虑演讲中的冲突该如何设计；演讲中的高潮该如何呈现；演讲中如何才能呈现一个最完美的结局；那些讨厌的坏蛋该由谁来扮演；伟大的英雄该在何时上场……就像所有的导演在扛起摄像机之前一样，在演讲开始前，乔布斯会把所有的情节都策划好。

听乔布斯的演讲就像是看一部大片，英雄、反派、震撼的视觉效果，绝不亚于影片带给我们的感觉。在一部经典的电影里，英雄都会激战反派，在乔布斯提前策划好的演讲里也是如此。1984 年，苹果公司眼中的反派就是——"蓝色巨人"IBM。他在向听众演讲时，告诉所有人，IBM 决意要统治整个行业，而唯一的"拦路虎"就是苹果公司，这让听众们对苹果公司的佩服油然而生，接着他向听众们开始激情四溢地介绍起他演讲中的大英雄——苹果公司的新产品。

乔布斯的演讲视觉效果极其震撼，在他的演讲里，十几页幻灯片里词语不会超过 10 个，取而代之全是真实的图片或者照片。基于这样的理念，2008 年 1 月，乔布斯在发布 MacBookAir 时，他用一个牛皮纸文件袋装电脑的真实的幻灯片来展示，真是一图胜万言。这次，乔布斯让 MacBookAir 彻底成为了这届大会上最耀眼的明星。

实际上，这次制造了明星产品的发布活动也是乔布斯从一开始就策划好的。在乔布斯的现场演说开始之前，他们的新闻发布稿早已写好，需要的图片也早已做好，对外宣传的广告也早已拍好，乔布斯在演说现场用一只手从文件袋里把 MacBookAir 拉出来的让无数人惊叹的瞬间也都是事先策划好的，目的就是为了激起观众们情绪上的热烈反应。可见，乔布斯的每一场演讲更像是在演戏，这也正好是乔布斯要做到的。

对于一名演讲者来说，真实的材料从来都不缺少，关键是如何把这些货真价实的"料"以一种更独特的方式呈现给听众。乔布斯用他独特的方式——预先导演好一个激情瞬间，到真正演说的那天，让所有的人为这个激情的瞬间尖叫欢呼，即便是演讲结束，还能让所有人忍不住一直谈论。

有人说乔布斯是商业演讲界里的斯皮尔伯格，就像斯皮尔伯格的每一场电影里总会有那么几个镜头在人们的记忆里长年扎根，在乔布斯的每一场演讲里，他也总会提前策划那么一个瞬间，让人们在看过、听过后久久不能忘记。

演讲如演戏，故事内容不切实际，演出来的戏码就会很假，虚假的东西唤不起大家的任何感情；故事内容真实，这才是演出好戏的第一步。当然，除了内容真实，导演如果平铺直叙，这样导出来的戏码也不会好看，毕竟没人愿看平淡无奇的作品。要想戏码好看，怎么办？这就需要在故事真实的基础上，再添加一些出人意料甚至有一点夸张的元素进去，如此，效果才会理想。

良好的演讲也是如此，应该在"诚"与"演"之间游走，除了内容真实，特意制造一个或者几个让听众难忘的瞬间，让观众多喊几个"天哪"，那我们的演讲效果也就达到了。

超出他们的期望，你便能得到你想要的期望

海尔董事长张瑞敏曾这样评论杨绵绵："杨总裁最大的特长在于，你对她本来期望的是二，但她可以发挥到十。"期望"二"做到"十"，这是一种什么精神？是一种主动精神，更是一种对他人负责的精神。工作中，这种精神很受用，同样，在演讲中，这种精神也很受用。

对于演讲者来说，谁都希望自己的演讲能赢得听众的喝彩，因为这会提升演讲者的形象。但现实是，很多演讲者不仅提升不了形象，反而惹得听众厌烦，因为他们的演讲实在是太差劲了。于是，这些差劲的演讲者开始抱怨听众的要求太高。真是这样吗？不是。因为作为听众，谁都希望能听到内容深刻又生动有趣的演说，没有任何一个人愿意把时间浪费在枯燥又无聊的东西上。看看那些非常成功的演讲者，他们是怎样做到让听众喜欢甚至崇拜他们的？因为他们的演说精彩到了出乎听众的意料，他们的演说带给人们的感觉远远超出了听众的期望，所以，报以他们的永远是听众的热爱。

这些成功的演讲者是如何做到超越听众期望的？因为他们投注了大量的时间和精力来准备一场演讲。

有位著名的演讲家在讲到自己之所以成功时，他说："当我确定了一个演讲主题后，我就把它写在一个大信封的外面，在我读书和看报时，当我见到和演讲主题有关的材料，我都会收藏起来，然后塞进大信封。我还会随时带着笔记本，当听到对我有启发意义的言语，我就迅速地把它记录下来，整

理完毕后也塞进信封里。当我准备动笔写演讲稿时，这些平时积累下来的材料立马会变成我的无价之宝。"

在《布道的艺术》一书中，作者查尔斯·雷纳德·布朗博士也是非常著名的演讲家，他说："要对你的演讲主体和正文精益求精，以使它们天衣无缝，富有感染力。当你突破文章局限的狭小天地而踏入广阔的生活乐园时，你将会拥有无穷的珍贵思想……如果在星期六的上午你为明天的演讲做最后的准备之前，这种精益求精的过程得以持续地进行，那么，演讲往往会取得令人满意的效果。"

卡耐基在其著作《演讲的艺术》中曾引述过布朗博士的这段话，在这里我冒昧地再次引述布朗博士的话，只因为它道出了千万成功演讲者的秘密——精益求精。

我们知道，一位牧师经常会苦思冥想至深夜，有时为了那些不期而至的，充满哲理与启发意义的想法不至于被遗忘，他们常常会在深夜披衣而起，他们这样做只为了能够更好地布道。同样，一场好的演讲也如布道，当我们专心致志地为演讲收集材料，留心一切与演讲主题相关的思想时，我们的演讲定会取得令人满意的效果。

除了对收集材料精益求精外，成功的演讲家对正文也是精益求精。他们总是不厌其烦地修改了再修改，直到满意为止。

伟大的无产阶级革命家恩格斯也是优秀的演讲家，他对每一次演讲的内容都能做到精益求精。1883 年 3 月 14 日，伟大的无产阶级革命家马克思与世长辞。恩格斯作了《在马克思墓前的讲话》的著名演讲。起初，他演讲的开头是这样的："就在十五个月以前，我们中间大部分人曾聚集在这座坟墓周围，当时，这里将是一位高贵的崇高的妇女最后安息的地方。今天，我们又要掘开这座坟墓，把她的丈夫的遗体放在里边。"写完之后，恩格斯觉得这样写并不足以表达人们对逝者的缅怀之情，他修改再三，最后写成："三月十四日下午两点三刻，当代最伟大的思想家停止了思想。让他一个人留在房里总共不过两分钟，等我们再进去的时候，便发现他在安乐椅上安静地睡着了——但已经是永远地睡着了。"修改后的演讲一下子将人们对逝者的万分痛惜与崇敬之情表达得淋漓尽致，当恩格斯宣读演讲词时，现场的人们无不沉浸在对马克思的深切缅怀与无比崇敬之中。正是这种精益求精的态度，才让恩格斯的每一场演讲都大受欢迎。

最后，需要说的是，成功的演讲也离不开反复的练习，所谓"熟能生巧"就是这个意思。但一说到练习，很多人就会说自己没时间，"我简直太忙了，公司还有一大堆事等着我去做呢"、"我真的没有空闲时间，我还要准备考试"、"忙完工作，我还要打点家里，哪有时间再干别的"……忙碌的上班族们，你是不是也觉得自己的时间根本不够用？你是不是也觉得在工作之余，要打造一场完美的演讲是奢谈？那么，你可以把一切零散的时间用起来，比如坐车、坐飞机的时间，等人的时间，茶余饭后散步的时间……都可用来思考设计我们的讲演。

哈佛著名心理学家威廉·詹姆斯教授说："我们不应该对自己的学习结果心存疑虑，不管我们的起点是高还是低。只要我们努力付出，总有一天，我们会实现自己的目标。有一天，当我们停下来看看我们周围的人时，我们会发现，自己已成为同龄人中的杰出代表。"

借鉴威廉·詹姆斯的话，我们也可以说，在你为演讲不断努力的过程中，只要你充满热情，精益求精，持之以恒地付出，那么，终有一天你也会成为一名优秀的演讲者。

用语言吸引他人，用事实征服他人

好的演讲就是用语言吸引他人，用事实征服他人。什么意思？说白了就是摆事实、讲道理。"道理"一类的语言谁都会说，大道理、小道理、花哨的道理，基本上人人都会讲，在演讲里，如果全是道理，没有事实，那就是空话一大篇，吸引不了任何人；反之，如果既讲道理，又摆事实，那么，我们的演讲就会非常吸引人了。

每一次演讲都有其主题，也就是演讲者的主要观点，如果在亮出我们的观点后，紧接着就用生动鲜活的事例、打动人的细节或者具体形象的数字来说明我们的观点，那么，演讲要博得听众的喝彩也就不是一件特别难的事了。

我们来看看毛泽东同志是怎样讲故事的。

1936 年 12 月，张学良、杨虎城发动了"西安事变"，抓住了蒋介石，中国共产党派周恩来同志前往西安，帮助和平解决"西安事变"。对于这件事情，很多同志非常不理解。毛泽东想到有些人的知识水平不高，如果只说大理论，大家听起来肯定还是一头雾水。为了让所有人明白，毛泽东生动地给大家讲了一个"毛驴上山"的故事，并总结出来就是 3 个字：拉，推，打。

毛泽东说："陕北毛驴很多，让毛驴上山有个土办法，一拉，二推，三打。蒋介石是不愿意抗战的，我们就采取对付毛驴一样的办法，拉他，推他，再不就打他。西安事变就是这样，我们党领导全国人民抗战是主要矛盾的主要方面，起决定作用的是我们，国共合作是大势所趋。但是驴子会踢人的，我们又要提防着它，这就叫又联合又斗争。"

毛泽东没有颐指气使地讲大话、空话，而是用大家熟知的故事一讲，生动活泼，就把革命道理讲得明明白白，再加上他的语言朴实无华，老百姓一听就明白了，群众立马心服口服。这就是善于用鲜活事例讲话的妙处。

著名的清史研究专家阎崇年先生，因其在中央电视台"百家讲坛"主讲《清朝十二帝疑案》而"火"得一发不可收拾。在"百家讲坛 坛坛都是好酒"的口号中，阎崇年的《清十二帝疑案》被公认为"第一坛好酒"。他这"第一坛好酒"是如何酿出来的？很重要的一点就是阎崇年善讲故事、善举例子，让人听得欲罢不能。

比如，在讲到几个重要皇帝的特点时，阎崇年说完特点，紧接着就是生动的举例。拿他讲康熙为例吧，阎崇年说康熙最大的特点就是好学，好学到什么程度？他马上举出例子："康熙在家说的是蒙古语，在宫廷里说满语，跟八旗和内务府的大臣们商量事，奏折一律用满语、满文，对汉族大臣说汉语，对进士、大学士则用'四书'、'五经'跟他们讨论问题。"举例生动、翔实，语言通俗有趣，能不让人听得津津有味吗？

虽然我们一再强调摆事实、讲道理，但不会用事实说话，是相当一部分演讲者存在的问题。这主要反映在两方面：一是有观点无例子；二是有例子但不具体。

有观点无例子，说白了即全是在讲道理，大多为空话。很多人演讲本来观点很好，但因为没有例子，就好像是"车轱辘话"来回重复，这肯定不会有太大的吸引力；但如果有例子支撑，大原则也就活了，内容就不会再空洞。而有例子不具体，就会让听众听起来印象不深刻。因此，我们必须要学会举例子，并且是具体的例子。

　　要做到用事实说话，用具体的事例说话，我们在演讲前，就必须要做好深入的调查分析。战国时期的著名纵横家、外交家和谋略家张仪被誉为"三寸不烂之舌"，为推行"连横"策略立下了汗马功劳，使各国纷纷由"合纵"抗秦转变为"连横"亲秦。张仪也因此被秦王封为武信君。他之所以能所向披靡，以"横"破"纵"，一个很重要的原因就是他所说的内容都充实具体。这主要得益于他对各国的形势和军事力量，以及各国国君和将士的心理都做了深入的调查和分析研究。正是在掌握资料充分的情况下，才使他有了一个相当明确的游说目标，才使被劝说者心悦诚服。

　　好的演说中离不开讲道理，更离不开摆事实，再没有比生动的例子更具吸引力和说服力的了。如果你不会摆事实、讲道理，你那空话、大话连篇的演讲根本抓不住人们的耳朵，人们不愿听，坐在那里脑子开小差或者打瞌睡，你准备的演讲内容再重要、再充足，那也没用。

第七章　演说说服力系统：最有效的说服存在于演说之中

你真的能说服他人吗？

说服是什么？说服是一门精湛的处世学问，是一种号召别人付诸行动的极致挑战。李开复最信赖的演讲教练杰瑞·魏斯曼在其著作《演示制胜：说故事的艺术》中说："说服就是想办法让对象观众体验到'啊哈！'。在漫画中，'啊哈！'就像是点亮观众头上的一盏灯泡，也是一个人成功地与另一个人沟通时的满足感。这个过程本身就和语言一样古老神秘，与爱的深奥不相上下。人类具有这种能力，只需语言和符号就能彼此了解并找到思想、计划或理想的共鸣。也许你过去曾经历过这种美好的经验，曾经在演讲、演说、推销的过程中看到心领神会的目光接触、微笑和点头。'啊哈！'就是当你看观众已经进入状态，可以跟着你的节拍前进。"

在这个世界上，你不是说服别人就是被别人说服。正因为如此，很多人一谈起说服力，心里不免直打鼓。每次演讲之前，他们做出的努力也不少，单单 PPT 就做了上百张，为什么听众不能埋单？为什么自己的演讲不能像乔布斯的演讲拥有如此令人难以抗拒的说服力？问问自己："为什么我不行？我真的不能说服别人吗？为什么我不能像乔布斯一样点燃听众的激情？"你的演说真的不能说服别人吗？答案应该是："你能！你行！"

为什么说你能说服别人？因为众多的事实说明，乔布斯并非天生如此，他也是下过很多功夫的。或许他的舞台天赋是与生俱来的，但他非同凡响的演讲风格并不是与生俱来的，他的风格也是在过去的 30 多年中不断改进才得以形成的。对于每一次演讲，乔布斯都抱着极大的热情，他不知疲倦地改进，对演讲的每一个细节、每一张幻灯片、每一次现场展示都精雕细琢。

要使我们的演讲拥有像乔布斯演讲一样非凡的魔力，或许我们做不到，但不要就此放弃！要成为一名优秀的企业家、优秀的管理者、销售冠军，让被说服方主动地"起而行"，我们就必须要有意识地提高自己的说服力。

有哪些具体、实用的技巧能帮助我们提高自己演讲的说服力呢？有，下面就是！

1. 策划

真正伟大的演讲家在演讲之前，都会花大把的时间进行策划，他们绝不会做临时抱佛脚式的随意拼凑演讲资料。

那么，成功策划一场演讲，我们需要多长的准备时间呢？纪录片《难以忽视的真相》的幕后天才南希·杜瓦特的建议是：演讲者为了一场包含 30 张幻灯片、历时 1 小时演讲应该花上长达 90 个小时的准备时间。

2. 回答一个最重要的问题——和听众的关系

为什么很多听众在面对一场演讲时昏昏欲睡？很重要的一个原因就是演讲者没有回答好这个问题。来听你演讲的人只关心一个问题，那就是"这跟我有什么关系？"如果你忽略了这个问题，听众就会毫不客气地忽略你。

3. 尽可能地简化标题

你想向你的听众传达什么最重要的想法？在标题里把它呈现出来，并且尽量做到简短好记。越简短的标题越有助于提升演讲的说服力。乔布斯当初发布 iPhone 时，他的演讲开头是："今天，苹果重塑了手机!"多么优秀的标题，不仅立刻抓住了听众的注意力，还让他们有兴趣继续听下去。

4. 列出关键信息

在完成标题后，你接下来要做的，就是写出你希望听众能接收到的信息。这些信息应该非常好记，不需要听众看笔记就能快速回忆出来。在列关键信息时，有一个关键点需要注意，那就是你列出的信息最好不要超过 3 条。

5. 画一幅演讲的"路线图"

演讲的"路线图"就是确定我们在演讲的时候先讲什么、后讲什么、最后讲什么。"路线图"的确定可以使我们的演讲更有章法。

总之，说服别人，赢得赞同的能力并不是不可改变和提升的，通过不断学习一些技巧，我们是可以增强自己的说服力。你不妨试一试，说不定在很短的时间内，你就会有不小提升。

我们永远不能改变他人的认知，只能去影响

在生活中，人们总习惯从自己独特的视角，从自己的思想，按照自己以往的生活阅历来思考问题，进而形成自己的判断，按照自己的习惯，几十年如一日地工作、生活，并在生活中不断巩固自己早已形成的认知。

对于演讲者来说，要改变人们的认知，几乎是不可能的。在这样的情况下，是不是我们永远说服不了人们接受我们的观点？不是。在这种情况下，我们要做的就是：说他们想听的，而不是说自己想说的。记住，在演讲时，永远不要指望把我们的观点强加给听众，顺着听众的思路去影响他们。

消费者永远只承认他们认为对的事实，从说服的角度出发，销售演讲就必须以消费者的认知为基础为依据。假如我们在演说中所传递的信息与消费者早已形成的认识或经验相吻合，那么，消费者就会很容易理解，并乐意接受，再进一步的话，他们会掏出腰包为我们的产品埋单；反之，他们对我们的演讲就会感觉枯燥，甚至厌烦。

尽管我们知道，很多时候消费者的认知可能并不是"科学"的事实，但在演讲的过程中，如果我们一厢情愿地去传递我们自己所认为的正确的事实，却一点儿也不去兼顾消费者心中所认知的可能的甚至是"错误"的事实，这是非常不合适的，这会给我们产品的推介带来重重阻力。不要觉得这样做无所谓，我们演讲的目的是说服听众，而不是一味地传递信息。要说服听众，

我们就必须要兼顾他们的感受和心理。

据说，化妆品中的隔离霜最早并不叫隔离霜，其最早传播的名字是"生态膜"。我们知道，"生态膜"这个概念其实是一个比喻，它是用"大气层保护地球"来比喻"生态膜保护皮肤"，从科学的角度来说，这个概念是正确的、理性的，在做销售演讲的时候，演讲者还重点强调了这种"生态膜"的作用，那就是"还你少年时期的皮肤环境"。

这种理性的诉求，听起来很具权威性。消费者的反应如何？结果是："这些高深拗口的概念和我护肤有关系吗？""这种生态膜能隔离紫外线吗？""少年时期的皮肤环境是种什么环境呢？""我们少年时期的皮肤环境就没有灰尘了？"等等。可见消费者们对"生态膜"这种产品并不信任。他们普遍觉得这种产品离自己太远了，甚至他们觉得这样的产品演讲只是在玩一种花哨的噱头。

后来，产品研发专家们将"生态膜"改成了一个通俗易懂的词——隔离霜。因为隔离霜是一个了解朋友式的语言，直截了当地告诉消费者：隔离霜了解你！它和人们一样，就生活在人群中。它也深知阳光紫外线、灰尘以及彩妆对皮肤的伤害，所以隔离霜就是让你的皮肤远离这些伤害的。不高深也不拗口，在销售演讲时，演讲者再也无须花上半天的工夫跟消费者解释产品概念。结果证明，消费者更乐于接受这简单又有效的"隔离霜"。

事实证明，我们一定要说听众想听的，而不是把我们认为对的、科学的理念硬塞给听众。

语言的感染力以及暗示诱惑力

什么是感染力？一部好的文学作品能够让读者又哭又笑，这是感染力；一部好的电影能够让观众跟着演员一起紧张、一起抓狂，这是感染力；一场好的演讲能够让听众跟着演讲者的抑扬顿挫而不断变换情绪，这也是感染力。感染力就是能感动、能传染别人的一种力量。有感染力的作品，才能引起别人的共鸣；有感染力的作品，别人读了、看了、听了才能喜欢。

我们在评价一个演员水平的高低时，经常说："这个人真是老戏骨，演什么角像什么人。演好人演得让人可亲可敬，演坏人演得让观众恨得牙痒痒，他就是为演戏而生的。怪不得他演的影视作品大家都喜欢呢。"相反，很多演员却被称为"票房毒药"，"导演是不是脑子坏了，怎么用她（他）来演这个角色？演技那么差，演什么角色都让人觉得是在'装'，罢了罢了，这样的烂片，不看也罢。"

同样是演员，为什么有些人的作品总能感动大家，有些人的作品却怎么也走不进观众的心里。很重要的一个原因就是，好的演员总能把"戏"演成"真实的日子"，他们能把自己的感情完全地融进角色里，让观众感觉不出他们是在演戏，而更像是在讲述自己真实的故事。因此，只有真实的、有真情实感的东西才能感染人。演讲也是如此，越是充满真情实感的演讲，就越能感染人。

奥巴马的演说能触动民心，并不仅仅是因为他善用鼓舞人心的句子，善用简单却震撼灵魂的词汇，更重要的是他的真诚感染了所有听众。

在奥巴马的演讲中，他敢真实地承认目前国家所面临的困难，在演说中他没有回避"企业倒闭、失业增加、辍学率太高、医疗保障太昂贵"等这些社会问题。他真实地面对来自全世界的质疑，真实地承认美国政府之前的"集体性失误"，当然，他也毫不掩饰自己的自信："我们已做好了担任领导者的准备。""美国，终将会解决这些困难。"奥巴马说出这些宣言的时候，没有人觉得这是一种狂妄，相反，人们会被他真诚的态度折服。

因此，一篇富有感染力的演讲稿除了其语言要富有形象性与煽动性外，更重要的是其内容要丰富饱满，要注入演讲者自身的真实情感。如此，在演讲的时候，演讲者才能更好地将自己的感情与内容合二为一，才能对听众形成更强的感染力。

好的演讲除了富有感染力，还具有很强的暗示诱惑力。暗示诱惑力就是通过影响人们的潜意识，激起人们对某种美好愿望以及美好事物的向往，从而让人接受对方的信念、观点或者意见。就演讲而言，其暗示诱惑力作用主要表现在两个方面，即"使人激"和"使人信"。

"使人激"强调的是，演讲意在使听众激动起来，在思想感情上与演说者产生共鸣，从而为演说者的观点欢呼、雀跃，并采取行动响应演讲者的观点。

如美国黑人运动领袖马丁·路德·金的那段演讲"我有一个梦想……我有一个梦想……今天我有一个梦想"，连用了几个"梦想"，激发黑人听众的自尊感、自强感，激励他们为"生而平等"不断奋斗。

"使人信"的目的就是使人相信、使人信赖。"使人信"是从"使人知"的演讲进一步发展而来的，它不是简单的知识传输，它是在让人们了解了事实之后，而做出改变原有观念或者行为的一种做法。

如中国共产党早期青年运动领导人之一恽代英的演讲《怎样才是好人》，在演讲上，恽代英不仅告知人们哪些人不是好人，他还有见解地提出了衡量好人的 3 条新颖的标准，并通过摆事实、讲道理的方法对自己的观点进行了全面、严密的论述，从而改变了人们以往的旧观念。

再如英国首相丘吉尔的演讲，他的演讲总能让这个国家的每个人都坚信——"胜利终将属于我们。" 1940 年 9 月，希特勒对伦敦进行了地毯式的攻击，妄图以对伦敦的狂轰滥炸来彻底摧毁英国人民的意志。但他的如意算盘撒了一地，伦敦人民在丘吉尔一次又一次演讲的激励下，毫不畏惧地平静地继续着他们每天的生活。

演说要做到使人"信"，还有一个很好的办法，那就是充分运用第三方口碑。任何人都不愿意做试验品，不管是你宣讲的产品还是你大力宣讲的某种想法或者某种理念，总会有人不买账，总会有怀疑的声音存在，这很正常。在此时，如果我们能利用一些来自第三方的"优质证明"，引用他们的一两句好评，那无疑就等于给了听众一些好的暗示，暗示他们可以放心购买或者践行，那我们的演说效果就不一样了。如果能请几位受益者亲自来到演讲现场，那我们的演讲效果真的可以好到难以想象。

有关动作的无形引导

演讲中的动作是指演讲中的肢体语言，属于演讲中适用的"软技能"。专门研究表达和交流技巧的加州大学洛杉矶分校的科学家艾伯特·梅拉比安在其著作《无声的信息》中指出："肢体语言是意识、思维的表达方式，也是暗示的表达方式；非语言因素是交流中最具决定性的因素，其次是语调等与语言有关的因素，排在第三位也最不重要的因素是实际的谈话内容。"可见，肢体语言在交流中的重要作用。

芝加哥大学的戴维·麦克尼尔博士自 1980 年以来，一直积极地从事手势研究，并因其在手势领域所做的详尽研究而闻名。他的研究表明，肢体语言和语言密切相关。肢体语言的运用可以帮助演讲者更好地厘清演讲思路，并使他们可以精力集中。戴维·麦克尼尔博士认为，演讲者如果不懂得运用肢体语言，会加大演讲的难度，这需要演讲者加倍集中精力。麦克尼尔博士还发现，那些成功的思想家和演讲家都善于运用肢体语言来清晰地表达自己的思想，以令自己所说得更加形象。

同样是演讲，为什么有的人可以做到现场掌声、笑声不断，有的人却把听众讲得直打瞌睡？除了内容好，还有个奥秘就是，那些成功的演讲者肢体语言丰富，他们对肢体语言的运用可谓驾轻就熟、得心应手。

2003 年，央视 10 套的科教类栏目《百家讲坛》，其收视率在科教频道一直徘徊在末位，面临着被淘汰出局的危险。是谁力挽狂澜，使"百家讲坛"的收视率奇迹反转，一路飙升，最后竟创下了央视 10 套收视率历史之最？到底是谁拯救了《百家讲坛》？对，就是阎崇年！阎崇年自 2004 年 5 月入主"百家讲坛"，主讲《清十二帝疑案》。他一入主，可真成了"坛主"，其演讲"火"到烫手，观众对其追捧的程度不亚于一位当红明星。

阎崇年的主讲为何这样受欢迎？除了内容丰富、观点权威、处处设悬念设疑问外，他丰富的肢体语言运用，为他的演讲增添了不少亮色，使他的论述能处处引人入胜。

我们来看阎老是如何讲康熙废太子这段故事的：

"康熙一看皇太子不争气，不行就把他废了。废的时候康熙那叫一个难过。据历史记载，康熙废太子是当着众大臣、众皇子念的废位宣谕，是且谕且泣，什么意思？就是一边念一边痛哭。等把废位宣谕念完了，康熙哭得就扑倒在地了，你看多痛苦。"

我们来看阎老又是如何用肢体语言来展示自己的演说的。当讲到"当着众大臣"时，他把双手摊开向前一指；当讲到"众皇子"时，他双手又是向前一挥，好像众大臣、众皇子就在眼前。在讲到"且谕且泣，一边念一边哭"时，阎崇年做得更是形象，他先是做出双手捧书的姿势，紧接着又抽出右手做出抹眼泪的动作；最后在讲到"就扑倒在地"时，他身体向前一倾，紧接着双手做出扑到地面的动作，阎老把这个故事加上动作，形象地把康熙内心的痛苦展现了在观众面前。

所谓演讲，就是又"演"又"讲"，阎崇年的演讲可谓真的抓住了演讲的精髓，不但用嘴"讲"，还调动肢体"演"，加了丰富的肢体动作后，其演讲的内容更加传神，传递的信息更加立体，给观众留下的印象更加深刻。

无论是政治家、企业家，还是学者、讲师，只要是演说精彩的人，他们一定非常善用动作。有一位著名的演讲家，他在做演讲的时候，只用耳麦或者纽扣麦，他说这样可以解放双手，可以做更多动作，可以用更丰富的肢体语言来吸引观众。如果少了动作，那么演讲的吸引力就会大打折扣。

那么，我们该如何提升自己的肢体语言，以增加演讲的效果呢？

1. 保持开放的姿势

卡迈恩·加洛在《乔布斯的魔力演讲》里写道："乔布斯登台演讲时，

很少双臂抱肘，很少双手在胸前交叉，或是站在讲台后面，他的姿势是'开放的'。开放的姿势意味着他没有在自己和听众之间设置任何障碍。进行示范演示时，乔布斯坐的位置和电脑平行，因此他和听众之间的目光交流保持通畅。他演示完产品的一项功能后，就立即转向听众，向大家解释他所作的演示。他很少长时间中断和听众之间的目光交流。在乔布斯早期所作的演讲中，最著名的是1984年Macintosh电脑的推介会。一开始，他站在一张讲台后面，但是很快他就放弃了讲台，并且不再使用讲台之类的道具。"

2. 频繁地运用手势

只要你觉得有必要，你的每一句话都可以用合适的手势来进行强调。特别是当你讲到你想突出的观点或者关键词的时候，运用肢体语言，会让听众印象更深刻。每当奥巴马说到"改变"这个词时，他总会伸出食指，略微卷曲着指向人群，同时向内的手指指向自己，这意味着还包括他自己。总之，在演讲的时候，不要将你的双手毫无动作、自然下垂地放在身体两侧，这会使你看起来过于呆板。

最后，需要指出的是，运用动作来强调你的观点，要保持放松自然，不要让自己的动作过于机械化，使你看起来像个机器人，这只会给别人做作的感觉。

情绪永远是打动他人的利器

演讲想要吸引人，关键是要有"情"。情是什么？这个"情"是内在的东西，看不见摸不着，好像很玄。那我们如何让别人感受到这个"情"字呢？实际上这个"情"就是4个字：抑、扬、顿、挫。

抑是什么？抑就是声调语调往下降；扬就是语调高起来；顿就是讲话的停顿；挫就是讲话语气的转折。抑、扬、顿、挫合起来，就是指声音的高低起伏和停顿转折。讲话中有了抑扬顿挫，听起来就有了感情，有了感情才能打动人；讲话中没有抑扬顿挫，听起来就没有感情，没感情的演讲，内容再好，听众也不免觉得枯燥。无论是英语、汉语，无论是东方、西方，演讲中的感情都是通过抑扬顿挫流露出来的。

马云讲话就特别善用抑扬顿挫来表达自己的感情。在一次演讲中，马云说："阿里巴巴最关心的就是你们能不能够赚钱"，说到"你们"二字时他声调提高；"你们赚钱了，阿里巴巴比你们稍微多赚这么一点点"，在说"一点点"时，他的语调很轻很柔，立马降了下来；"这个问题就不大了，和谐社会嘛，大家要一起赚钱啦。"在说"大家要一起赚钱啦"时，他又把"一起"二字拖得很长。在讲这段话的时候，马云不是平铺直叙，而是通过这些语气上的变化，把他与合作伙伴谋求双赢的心情表达得淋漓尽致。

温家宝的讲话也很善用抑扬顿挫的语气来表达感情。在哈佛演讲时，为表明自己为国为民的心迹，温家宝引用了中国宋代大儒张载的一段话。"中华民族的祖先曾追求这样一种境界：为天地立心，为生民立命，为往圣继绝学，为万世开太平。"如果读这段话，没有轻重起伏，没有抑扬顿挫，就会像小学生读书一样，听来就没有情，别人也根本无法体会温家宝为国为民的心迹。而温家宝在讲话中的抑扬顿挫，给人留下了深刻的印象。他在讲完"中华民族的祖先曾追求这样一种境界"，有一个很大的停顿，到底是什么境界？观众十分期待，等着洗耳恭听。后面四句话，温家宝低开高走，一气呵成。短短几句话，就将一个政治家胸怀天下、继往开来的浩然之情到位地传达了出来，深深打动了全场观众。

在介绍完中国几千年灿烂辉煌的文明后，温家宝又用生动的例子和大量数据介绍了中国现在的国情。当他讲到在中国的偏远地区人畜连喝水都成问题时，温家宝难过地停顿了好几秒，会场上一片寂静，听众们都被深深地打动了，很多人眼里都充满了泪水。

这就是"几秒钟"的停顿的效果，它把温家宝的难过之情迅速且直接地传达给观众，让很多观众的眼里充满了泪水。足见，演讲有了抑扬顿挫就有了情，也就有了魅力！

情绪永远是打动他人的利器，要使听众能做到心随我们的演讲而动，我们就必须要懂得充分运用抑扬顿挫的技巧。那么，我们可以通过哪些途径来使我们的演讲做到抑扬顿挫，充满感情呢？

1. 变化音调

音调的变化可以带来抑扬顿挫的效果。平铺直叙的演讲很难引起听众的共鸣，相反，不断变化的音调，更能带动大家的情绪。在讲话的时候，切忌一直使用单调的音调，当你想突出一些标志性的词汇或者字眼的时候，我们的音调要提高，以高亢响亮的音调加以强调，这样，感情的深浅浓淡才能表现出来。

2. 变化音量

演讲中如果一直使用较高的音量，不仅无法突出重点，还会给人以嘈杂的感觉；如果一直使用较低的音量，就会给人死气沉沉的感觉。所以，演讲者要根据演讲的内容，音量要适时地进行高低起伏的变化。比如当我们需要发出呼吁或者号召时，我们自然要提高音量，以此来加重语气。

3. 停顿

卡迈恩·加洛在《乔布斯的魔力演讲》中写道："停顿是演讲中奇妙的'休止符'，恰到好处的停顿往往比语言能更有效地传达思想。停顿也是一种说话的艺术，恰到好处的'停顿'对于一次成功的演讲具有重要意义。它能促使人们对主题进行深入的关注和思考，使演讲者的信息更加有效而巧妙地得到传达。"

林肯在演讲的过程中就经常使用停顿。每当他讲到一个重要观点，并且希望给听众们留下深刻印象的时候，他就会双目直视听众，然后一语不发。听众们总会被这突如其来的沉默吸引住，这时，在场的每个人都会屏息静气，迫切地想知道下面会讲些什么。

总之，如果我们在演讲中能做到运用音调、音量的变化和停顿的方式来做到抑扬顿挫，那么我们的演讲肯定也能抓住听众的心。

洞悉对方心理，说服在演说的潜移默化之中

演讲还有另外一个名字——说服，这始于距今 2300 年前古希腊哲学家亚里士多德的雄辩术，意味着把听众从一个点移动到另一个点，就是引起听众从最初的位置到达最终位置的一种变化。

亚里士多德认为，当听众在最初的位置时，通常会以三种状态进入你的演讲：一是信息不对称，即你知道得多，听众缺少对信息的了解；二是在你还未解说前，听众对你的问题充满了疑惑；三是听众不理解你的观点或者思想，对你有阻抗心理。而当听众们到达最终位置时，他们的状态发生了变化，即相应地出现以下三种状态：一是充分了解信息；二是疑惑程度降低甚至消除；三是阻抗心理减小甚至消失。总之，终点就是你希望听众行动起来响应你的呼吁或者达到你的目标。

不难看出，说服别人是一个并不简单的过程，因为在这个过程中，我们要消除别人的怀疑，消除别人的阻抗心理，在这个过程中，如果我们能洞悉听众心理，知道他们在想什么，知道他们最想要什么，那我们的说服就容易得多了。

那么，听众到底最想要什么呢？答案很简单——好处！也就是说要想我们的演说更有说服力，那么我们就必须要把听众的受益讲出来。

很多人在演说的时候，总是急着达成自己的目标，却忘记了听众想要什么，结果费了半天口舌，依然不见什么效果。因此，为了让听众做你想让他

们做的事，我们就必须要为听众考虑、着想。这意味着在准备演讲时，我们要像思考自己的需求一样去思考听众的需求和想法。

什么意思呢？举个简单的例子来说，如果你在为自己的产品做销售演说，你会怎么做？你会不会一味地突出产品的性能和特征，证明你自己的产品有多先进，以此来吸引顾客？但那些销售总监一般不会这样做，他们更多的是提及顾客可以从中得到的好处，这才是达到双赢的最好演说。

那么，在演讲中，我们如何表达出听众的受益呢？从一准备演讲，我们就应该着手考虑我们的演讲能给听众带来的好处是什么，我们所传递的内容对听众的收益是什么。在加工自己的演讲稿时，我们要不时停下来，加上这几句话："这对你非常重要，因为……""这对你意味着什么呢？""我为什么要告诉你这件事？因为……""这会给你带来哪些意想不到的惊喜呢？"适当添加这些表述，将对方的好处说出来，可以增进听众对自身收益的理解，从而大大增强你的说服力。所以，在演讲中，一定要把你想要达成的目标和"听众想要什么"结合起来，遗漏了哪一个环节，我们的说服力都会减弱。

除此之外，要想我们的演说具有说服力，你还得让听众们觉得你所说的内容和他们有直接关系。什么样的事情最让人感兴趣？卡耐基说："只有关乎我们自己的事情，才会真正激发我们的兴趣。"演讲也是如此，你演说的主题只有让听众们觉得和自己有关系，听众们才有兴趣听下去。

对于普通的听众而言，与其在演讲中跟他们说美国的石油紧缺了、日本的地震中很多人受伤了，还不如说他更关心的如何让家庭关系更和谐、如何让家人更长寿等话题。他也许根本就不理会阿根廷的一次革命、乌拉圭的一次改革，但他会在意家中那令人烦恼的似乎怎么也处理不好的婆媳关系。对于一个女人来说，她的衰老甚至比能吞噬几万人生命的地震更令她失望。当你在台上对着她们，大讲特讲你最盛赞的历史上最伟大的五位重量级人物时，她们或许根本没有兴趣，她们宁愿花大把的时间去听你站在台上大谈女性养生经。

《美国杂志》的重量级编辑约翰·M.希登道说："公众是自私的，他们只对自身的事情最感兴趣。"演讲也应该是如此，你所说的，应该是公众所需要的。若你说的，不是公众们所需要的、不是他们所感兴趣的，那听众怎么可能花时间去听你的演讲。

第八章 演说改变命运系统：你要的不是演说有多棒，而是改变命运的系统

演说是改变命运的最快方式

命运可以改变吗？悲观的宿命论者认为命运不可改变，他们认为人从一出生就注定了一生将扮演怎样的角色。当高官也好，做平民也罢，一切都是命运的安排，人不可强求。而坚强的非宿命论者，他们不屈服于命运，不断努力，不断寻找着能改变命运的系统，最终他们收获了自己想要的事业和幸福。

实际上，在这个世界上，没有绝对的宿命，或许你禀赋天成，或许你资质平庸，但决定你命运的往往不是这个，而在于自己如何去掌控。无数成功人士的经历都告诉我们：命运可以改变，尽管每个人改变命运的方式不同。

改变一个人命运的方式有很多种，有的人靠贵人的扶持平步青云；有的

人白手起家慢慢致富；有的人通过攀附权贵来改变自己的命运；还有的人甚至把改变命运的希望寄托在买彩票上……总之，人们总希望通过可能的方式让自己变成人见人羡慕的富贵命，那你知不知道，有一种改变命运最快的方式——演说。

为什么说演说是改变人命运最快的方式？亚洲超级演说家、中国青少年心灵成长导师袁传明用他自己的经历告诉我们：学会了演说，你便能在最短的时间内成为命运的主宰者。

你想知道一个曾经患了2年忧郁症、1年休学、5年失眠的人，是如何在短短1个月内成为可以在舞台上轻松面对2000人演说的超级演说家吗？你想知道一个曾经极度恐惧和反感销售、曾经连续超过3个月业绩为零的人，是如何在短短3个月内成为销售冠军，继而在3个月内成为运营经理、4个月内成为运营总监并几度带领团队成为团队销售冠军的秘诀吗？如果想知道，那就让我们一起来听听袁传明通过演说来改变自我命运的故事吧！下面是袁传明的自述：

我出身农村，家境贫寒！但是，从高一开始，我就有一个梦想——成为世界第一名的中英文演说家，我从来都没有忘记自己的梦想。高中时的我极度内向自卑，得了2年的忧郁症，因为实在无法继续学业，1年休学，失眠长达5年，多次想过自杀。那段时间，我觉得自己是天下最可怜的人，但我无能为力。就这样，没想到在我休学期间，我的人生开始发生戏剧化的转变。

在我休学的某一天，因为内向、自卑、没有什么朋友，我只能和收音机在一起，这天我习惯性地打开了收音机，收音机里主持人正在对一位中国非常知名的老师进行采访，这位老师说了一句话，像闪电般击中了我的大脑，这位老师说：先小心你的思想，它会影响你的行为；先小心你的行为，它会影响你的习惯；先小心你的习惯，它会影响你的性格；先小心你的性格，它会影响你的命运；所以说，不要说自己的命运不好，而是自己的思想、行为、习惯、性格不好！

听君一席话，胜读十年书！他让我知道，只要改变我的思维模式和行为模式，我就可以主宰我的命运，就可以成为我想成为的人，那一刻我顿悟了，我决定抛弃过去的自己，主宰自己的命运，改变我的人生。

从那以后，我开始大量阅读名人传记、成功励志的书籍，参加各类培训课程，结交各行业成功人士，我千方百计丰富自己的思想，改变自己的行为。你猜在接下来的一年内，我发生了什么变化？

一年多后，我的人生发生了翻天覆地的变化。我应用所学的方法，加上自己的努力，在班级里开了 2 场班会，每次都演讲超过 120 分钟……我拜访了当地超过 30 家酒店和 100 多家书店，通过公众演说在 10 分钟内销售出世界华人成功学权威陈安之老师的书籍和光碟 247 套。所有人都觉得不可思议，包括我自己。老师、同学们傻眼了，亲朋好友愣住了，我心中的兴奋、激动、酸楚和感叹是终生难忘的。我终于亲身体会到，通过公众演说获得成功时的那种快乐和成就感！

为了让自己能够更加快速的成长，在即将毕业的时候，我做出一个让所有人都不可理解的艰难决定：辞掉实习的工作，带着 220 元零花钱一个人独闯上海滩！

来到上海，没有背景、学历一般、没有人脉、没有经验的我加入了一家教育培训公司从销售做起，然后每天大量学习演讲，参加培训课程。两年下来，我认真听了几十位顶尖名师老师的课程，几乎参加了全上海 70% 以上教育培训机构知名老师的课程。加起来参加了上千个小时的培训课程！拜访或现场聆听了100多位知名企业家的创业心得和人生感悟。

这是中国讲师无人能破的学习纪录，我深深引以为荣。在整个过程中，我吸收到了他们的顶尖演讲精华！慢慢地，我发现我的事业和人生发生了巨大的变化！

到最后，我甚至比所有老师研究的更深入。因为我将听过的所有讲师的课并将他们的思想加以综合，这样我的思维结构就超越了任何讲师的思维结构。很多讲师甚至打电话请教我一些问题，作为他们备课和上课的核心参考资料。

更加令人称奇的是，我在1个月内就成为公司的金牌主持人，面对2000人演讲，在3个月内成为销售冠军，4个月内成为运营总监，收入提升200倍，成为全国23家公司的顾问，并且在2011年4月12日有幸受邀参观钓鱼台国宾馆。

从袁传明的经历可以看出，学会了演说，袁传明拥有了改变命运最锐利的武器。

被誉为"20世纪最伟大的心灵导师"的卡耐基在上大学的时候就发现，学院的辩论会和演说比赛非常吸引人，最后脱颖而出者的名字不但广为人知，而且还个个被视为学院的英雄人物。卡耐基发现这真是一个成功和成名最好的机会，于是他更加努力让自己成为这样的人。后来，他终于成为了全球最著名的演讲家。

舞台是成长最快的地方

　　演讲是人类交流思想、传播信息以及阐述观点的有效手段，也是演讲者进行自我展示、自我推销的一种有效方式。这是一个充满竞争的时代，我们只有敢于表现自己，把自己放在一个舞台上展示自己，我们才会成长得更快、更强。这是因为，当一个人敢于登上演讲的舞台时，演讲者获得的最珍贵的东西莫过于自信，即对自己能力的信任。而自信，对于任何人的成长以及事业成功而言，那都是最最重要的。

　　有一位著名的演讲家，在成为演讲家之前，他是一位研究人体医学与健康 30 多年的博士。有一次，这位博士应朋友之邀去参加一个宴会。在会上，这位博士的朋友突然提议，让这位博士到台上给在座的讲几句关于健康他最有感触的一点知识，这位博士竟突然间觉得无能为力。

　　是这位博士没有准备吗？当然不是，因为他在这方面已经有 30 多年的研究。如果不是上台，关于这个话题，他能坐在椅子上滔滔不绝地讲个通宵达旦。但是，一上台，哪怕是面对一小部分听众，这位博士也觉得紧张得难以形容。在人们的掌声和欢呼声中，这位博士陷入了困境。他知道如果上台，他根本讲不出几句让人们满意的话来，如果被别人取笑，情何以堪？最后，这位感到无比尴尬和羞愧的博士，竟一言不发，转身快速离开了房间。

　　这位博士回到家中，第一念头就是提高自己的演说能力。他报名参加了公众演讲课程，他不想再一次陷入哑口无言的境地。在公众演讲课上，这位博士总是充分准备自己的每一次演讲，他一改往日羞于开口的坏毛病，每堂课都以极大的热情去争取那些能够让自己当众讲话的机会，经过最初几个学习阶段，这位博士的进步让人惊异，他的紧张感消失了，他越来越自信。几个月后，他已成为这几百名学员当中最耀眼的演讲明星。现在，他坦言自己太喜欢演讲时那种充满激情的感觉了，他感激演讲使他变成了一个充满自信的人，也感谢演讲给他带来了新朋友。

后来，这位博士说，当一个人上台讲话时，其获得自信和勇气的能力，并没有人们想象的那么困难，只要投入充分的热情，任何人都可以培养自己的这种自信能力。

上台演讲，还可以锻炼一个人自主思考的能力。许多演说家都把听众看成是一种很好的激励和灵感，他们认为听众会使自己的大脑更加清晰、更加快速运转。正如一位非常著名的演讲家所说的那样，当他自己还未意识到时，由听众激发的观点和想法正像云烟般飘来，他只需伸出手去抓住它们就可以了。

上台演讲还有利于提高一个人的口才。一般来说，演讲都有一定的时间限制，要在规定的时间内把一个故事或者观点完整地陈述清楚，离不开好的口才。登台演讲还会督促演讲者有意识地不断提高自己的口才，毕竟没有人愿意在演讲台上出丑。而口才的力量万夫莫敌！它比世界上任何东西都有力量来统治这个世界！美国斯坦福大学和美国电报电话公司ATT联合研究显示：是否擅长演说是一个人事业成败最最重要的关键因素。

另外，人都是要面子的，如果自己连续上台3次都没一点进步，那我们都会觉得非常不好意思。所以，每次从台上走下来，演讲者们几乎都会"不待扬鞭自奋蹄"，自觉地在台下认真观察、揣摩、总结并反复练习，让自己每一次上台都有所进步。

演说是建立自信最快、最好的方法。心理学家归纳总结出人类的三大恐惧：怕火、怕高、怕上台演讲！因此，当你学会公众演说，敢于站上那个舞台时，你拥有超人般的自信，就能快速突破自我，快速成长。

分享是成长最快的方式

我们正处在一个大力提倡分享并且不得不学会分享的时代。分享，让我们从此多了一个世界，让"我"变成了"我们"。演讲不仅是一种表达思想、与他人沟通交流的有效工具，而且通过在演讲中互相分享，可以帮助我们快速成长。不管是别人把自己的演讲稿分享给我们，还是我们把自己的演讲稿拿来与别人分享，在分享中，演讲能使我们多方面的能力得到提升。

1. 提高我们"听"的能力

当别人把自己的演讲分享给我们时，通过有意识地听，可以锻炼我们多方面的能力。演讲者在台上讲，我们在下面听。从听中，一方面可以训练我们辨音的能力，另一方面也可以锻炼我们记忆、联想的能力；从听中，我们可以锻炼自己快速概括的能力，因为我们要从别人的演讲中抓住重点和演讲中的精华，来增长我们的知识，扩展我们的视野；从听中，我们可以锻炼自己筛选信息的能力，能让我们学会用听觉迅速收集到对自己有用的材料，并能培养我们速记的能力。

当然，当别人在分享自己的演讲时，我们还可以从别人的演讲中学到更多好的演讲技巧，这些对我们演讲的成功都是非常有利的。

2. 提高我们"说"的能力

演讲最主要的就是"说"，我们通过演讲跟别人分享我们的观点或者思想时，要想保证别人能听清楚听明白，那么，我们就必须要经常锻炼自己的表达能力，有意识地提高自己的表达技巧，使自己不断克服"想说不敢说，敢说不会说"的问题。总之，不断提高我们表达能力和技巧的过程，就是一个不断成长、不断进步的过程。

3. 净化心灵，启迪教育

为了做好演讲，人们通常会提前准备。在准备的过程中，他们会有意识地阅读大量健康的、有益的书籍，尤其是在读到那些名人历史故事和名人传记时，能对演讲者本人的思想起到净化作用，能感化他们的心灵，能在潜移默化中对他们起到教育作用。当演讲者演讲时，他们会把这些精华的观点、故事以及自身真实的感受分享给我们，我们从他们优秀的演讲内容中受到熏陶并在情感体验的潜移默化中，不断佐证自己的观点，不断形成积极的人生态度和正确的价值观。而这将对我们以后的人生起到正确的导向作用。

4. 提高思考、分析能力

演讲有利于提高我们思考问题、分析问题的能力。为了在分享时不让自己失误，也为了能在大家面前露一手，演讲者在准备演讲稿的过程中，会非常用心地去搜集有意义的材料。当搜集完材料，通常会做这样一系列工作：

一是分析筛选，分析哪些材料是有用的，哪些是用处很小的，筛选出有用的，删掉无用的；二是比较确定，有时我们能搜集到几个甚至更多能阐明同一个观点的材料，在仔细比较后，确定我们要用的材料；三是加工构架，将有用的材料合理整合，使之形成有序的结构形式；四是升华总结，提出自己的感受或想法。要做这些工作，离不开我们深度的思考和分析，这势必会让我们的思考、分析能力不断提升。

5. 开阔视野，增长知识

在演讲中，我们经常听到名言警句、名人故事、有趣的消息、有趣的习俗、美丽的风景名胜、重要的政治事件等，在这些内容中，有很多都是我们从未听说过的。听这样的演讲，既可以加深我们对已知知识的理解，使我们运用起来更自如，又可以增补我们的知识漏洞，这势必会开阔我们的视野，拓宽我们的知识面。

6. 获得群体认可

卡耐基说，兴趣绝对是可以互相影响的。我们在听他人的演说之前，或许还不了解他的观点，甚至对他人的观点一点都不感兴趣，但在他人的演说还没有结束时，我们或许已经深深地理解了他的观点，并非常同意他的观点，甚至改变自己的行为来响应他的观点，这就是对他人的认可。

一位非常著名的演讲家在陈述他成功的秘诀时说："对于生活，我充满了热爱和激情，因此，我就想把自己的所感所想分享给听众。"面对这样的演讲者，谁能不被感动？谁能不认可他？所以，通过分享我们的演讲，个人能被纳入群体，通过与群体建立精神和情感的联系，从而进一步获得群体的承认。这样，个人的情感与趣味便在分享中得到了升华和共鸣。

分享即收获，分享是信任和团结的纽带，只有与他人共享资源和智慧，大家才能在互助的氛围下获得共赢。所谓"分享"就是能"分"才能"享"，与金钱和物品不一样，智慧和资源越是分享就越多，当我们拥有了更多资源和智慧，我们进步的才会更快，成长空间才会更大。

意识引导一切，观念改变命运——重新认识演说

演讲到底是什么？

一说到演说，很多人脑海里立马就闪现出这样的画面：一个人，正慷慨激昂地对着很多人滔滔不绝地讲个不停，时而挥着拳头，时而高擎起手臂。总之，是一个人充满了激情，把全场的人都讲得热血沸腾的那种讲话。这种演讲虽然可以让人热血沸腾，但它并不能被普通人广泛应用，这种演讲往往只在宣传事关生死的重大事件时才会用到。

正是因为这样，在一般的演讲学书中，也大都把演讲的范围囿于模范事迹演讲、理想情操演讲等具有很强的宣传鼓动性质的演讲里。但事实是，这种演讲在我们的日常生活中却很少用到。换句话说，演讲对于普通人来说并没有发挥其作用，说白了演讲并没有成为人们尤其是普通人的得力工具，脱离了实用性质的演讲，难免让人感觉有些遥不可及，甚至很多人都觉得演讲之于自己，那就是一件奢侈品。

上海科学技术职业学院应用口才研究所所长刘伯奎先生在其《口才与演

讲——技能训练》一书中意味深长地说："演讲，自20世纪80年代中期在中华大地上复兴以来，至今可谓遍及城乡。但是，演讲活动在'热'的表象之下，还存在着另一面——演讲应用的'冷'。现阶段的'演讲热'，主要表现在演讲爱好者群集的舞台上，而要想让演讲走下表演台，使之成为人生成功的得力工具，看来还要有一个漫长的历程。"

所以说，只有当演讲变成了能够帮助人们成功的有效工具时，它才为普通人所接受、所欢迎。

要把演讲变成能够帮助我们成功的有效工具，我们就必须要真正明白成功的演讲必须具备的最最重要的因素——身心的沟通和交流。为什么很多人觉得演讲不实用，因为它不能像人与人之间的谈话一样，让人觉得是身心的沟通和交流。

有一位女作家，应邀去做一个演讲，因为演讲的题目是主办方定的，女作家并不怎么感兴趣。而在演讲前，女作家只是做了一些零散的知识摘要和笔记而言，站在台上，她漠视听众的存在，时而望望天空，时而眼睛瞟一下地板，时而看看手中的稿子，反正她不看听众。她那仿佛来自遥远地方的声音和那飘忽不定的眼神，使得本来就内容空泛的演讲更加失去了意义。

这位女作家的讲话能算作演讲吗？根本不能！她的讲话只能算是一个独白，只能算是自说自话，因为它缺少了一种交流。事实上，交流是优秀的演讲所必不可少的要素。任何一位听众都希望演讲者能以一种谈话的方式进行演讲，就像是私人谈话的方式那样——让人感觉不到距离，只专注于谈话内容。

一位先生曾经作过一场关于"生命科学与世界"的演讲，对于这一演讲主题，他已经有了将近半个世纪的思考和研究，为了让自己研究更富有趣味和说服力，他搜集并取证了大量丰富的材料。可以说，这些内容完全融进了他的生命里，早已经成了他身心的一部分。

在演讲过程中，这位先生妙语连珠，厚积薄发，他不由自主地流露出自己的真感情，彻底沉浸在"生命科学"的世界里，他完全忘记了这是一场演讲。他不断用自己的眼睛和听众互动，从他的眼神里，我们看得出他真想把他知道的一切都说给台下的人们听，而台下的听众们也如饥似渴地想记住他说的每一句话，他的演讲打动了在场的每一位听众。让我们确信的是，那场演讲的听众绝没有仅仅把这位先生当作一名公众演讲者，因为听众们完全沉浸在了这位先生的演讲内容中，而不是其"演讲者"这个身份标签上。

讲到这里，我们应该明白一个道理：当我们演讲时，如果听众明显意识到了我们是一名站在台上的演讲者时，那我们的演讲就是失败的；如果我们的演讲让听众好似沐浴在一种自然之风里，让听众只专注于我们的演讲内容，而不是演讲的形式，那我们的演讲就成功了。

总之，演讲绝不应仅仅是一个人充满了激情，慷慨激昂地把全场的人都讲得热血沸腾的那种讲话，更不是那种自说自话糟糕的独白，演讲必须要有感情，但不一定是激情；演讲要有声音的高低起伏，但不一定就是慷慨激昂。只有赋予我们的演讲感情，听众才会觉得这是一场与他们心灵的对话，才不会觉得你的演讲是一篇空洞乏味的说辞而已。

寻章摘句，丰富自我演说的语言词汇

演讲是人们交流思想、传递信息、表达情感的工具，其语言运用得好与坏，直接影响着演讲的效果。可常常让演讲者感到困惑而又烦恼的一个大问题，却恰恰是演讲时的语言问题，要么语言干瘪不生动，要么就是空话、套话加废话，花哨口号震天响，却无感人的力量。这样的演讲自然很难引起听众共鸣。

演讲中之所以出现语言问题，主要的一个原因就是词汇的贫乏。词汇贫乏往往会导致演讲语言的枯燥无味，甚至词不达意。所以要想提高演讲的质量，使演讲语言恰当、准确，演讲者必须具备丰富的词汇量。而学习、积累语汇最好最有效的途径就是学习，向书本学习，向生活学习，向社会学习，向群众学习，向一切可以提升我们语言功力的地方学习。

有人认为，只有在学校、在书本上才能学习，其实不然，在学校和书本上我们读到的那都是"有字之书"，此外，我们也应该学会读"无字之书"，即向生活学习、向社会学习、向群众学习。

1. 向书本学习

腹有诗书气自华，我们能向书本学习的简直太多了，诸如古诗、名篇中的格言、歇后语等，这些中华传统文化经典，都是我们演讲时取之不尽、用之不竭的宝库。

演讲是为了引起听众的思考和共鸣，如果我们能在演讲中常常引用古人的诗词、名人名言，那些佳词名句往往能起到以一当十的作用。演讲的语言很重要的一点就是简洁但富有哲理，有时候，你的长篇大论还不及一两句诗词、一两句警语带给人们启示，运用诗词、格言更能让我们的演讲生动深刻。

比如当我们的演讲主题是"咏爱国主义"时，我们可以引用"金戈铁马，气吞万里如虎"、"王师北定中原日，家祭无忘告乃翁"等；当我们的演讲主题是"珍惜时光"时，我们可以用"少壮不努力，老大徒伤悲"、"万事待明日、万事皆蹉跎"等；当我们演讲的主题是"乡情"时，我们可以用"近乡情更怯，不敢问来人"、"独在异乡为异客，每逢佳节倍思亲"。此外，还有很多很多佳句，比如"长太息以掩涕兮，哀民生之多艰"、"老骥伏枥志在千里，烈士暮年壮心不已"、"三军可夺帅也，匹夫不可夺志"、"富贵不能淫，贫贱不能移，威武不能屈"等。总之，中华文化博大精深，在演讲中能用的、可用的佳句名言数不尽，如果我们都能拿来巧妙运用，会让我们的演讲增色不少。

我们在向书本学习时，尤其不要忘记了毛泽东的诗词，毛泽东的诗词也是中华文化中的瑰宝，他的许多诗词充满了革命乐观主义精神，字字珠玑，掷地有声，他豪情满怀的锦言佳句让人精神为之一振，大有一语定乾坤的气势。比如他的"今日长缨在手，何时缚住苍龙"、"雄关漫道真如铁，而今迈步从头越"等，如果我们在演讲时，能将这些妙语自然地糅进我们的演讲稿，那肯定会让听众也为之一振。

2. 向生活、向社会学习

生活和社会是一个大课堂，处处留心皆学问。生活中、社会中，也有很多帮助我们积累词汇的途径，比如广告语、歌曲、网络、群众口语、谚语等，只要我们留心，处处都是丰富我们语言词汇的场所。

广告语一般都很精彩，因为那是商家为了推销自己的产品而进行了别出心裁的精心的策划才浓缩而成的，目的就是想播出一遍就能打动观众，就能让观众记住，做到让大家耳熟能详。如果能在我们的演讲稿中听到一些好的、大家耳熟能详的广告语，自然能更快引起大家的共鸣。

有位老领导作了一次关于"改革"的演讲，在演讲中他说"改革开放的车子陷住了，让我们推一把"，这位老领导就是引用了多年前央视台的一则公益广告中的广告语"车子陷住了，请帮忙推一把"，非常形象、非常贴切。

有些经典的歌曲，其歌词非常受人们的欢迎，在演讲中尤其是针对年轻人的演讲中，如果我们能用上几句，就能很自然地拉近我们与听众的距离，获得了他们的认同，这对我们演讲的顺利进行是大有益处的。例如，在一次学校组织的演讲会上，其主题是"春游"，有位同学的演讲标题是"春游——蓝天白云跟我来"，一句歌词，一下子让同学们感到亲切起来，使听众产生了微妙的心理变化，这就是歌曲的特殊修饰作用。

最后需要强调的是，积累我们的语言词汇，我们要做到与时俱进。世界万物每时每刻都在发生变化，词汇也一样。有人做过统计，自改革开放以来，汉语产生了上万条新词新语。媒体每年也都会评选热词热语，如果我们不关注这些热词，在阐述相关的演讲主题时，还用陈旧的老词，不仅无法发挥演讲的宣传鼓动作用，还会给听众一种与时代脱节的感觉，这自然会让我们的演讲大打折扣。所以，我们在积累词汇时，也要时时关注热点热词，以使我们的演讲能保持用语的时代性。

总之，一篇好的演讲稿除了思想正确、主题鲜明外，语言还应该富有新意，朗朗上口，平仄相间，为人们喜闻乐见。要写出这样的演讲稿首要条件就是语言词汇的积累，只有词汇储备丰富了，在写演讲稿的过程中，我们才能信手拈来，才能让我们演讲的内容更吸引人。

充实自我，有谈资你才会有的"谈"

演讲是把肚子里的学问表达出来的一门艺术，演讲者要想做到滔滔不绝、口若悬河地面对听众讲话，前提是肚子里得有东西。所谓演讲要言之有物，物从何来？来自不断的日常积累，只有积累的"料"多了，可谈的资本多了，我们才能有的谈。那我们如何才能让自己有可谈的资本呢？要做到"七多"：多看、多听、多问、多写、多记、多想、多学。

1. 多看

我们是视觉记忆的动物，人们通过视觉留下的印记要比通过听觉存留的时间要长得多，所谓"百闻不如一见"也说明了这一点。多看，看什么？可以多看著名演讲家们的演讲，多看一些演讲与口才方面的书籍和文章，也可多看一些谈话类的节目和电视论辩赛。

通过分析和学习别人的演讲，我们可以更快抓住演讲的精义，也可以将别人的演讲精华拿来为自己所用，同时，通过看那些成功演讲者的演说，还有利于我们演讲态势语言技巧的提高。

2. 多听

要多听别人的演讲，以提高自己的表达能力。在听别人演讲时，我们可总结出好的演讲所需要的音色、音质、音量水准，以让自己的演讲可以更加悦耳。

在听的时候，我们尤其要多听自己的演讲录音，以便找出语言上的毛病加以改正，正如罗马哲人塞涅卡所说："在向别人说些什么之前，首先要把它说给自己听听。"如果每次演讲之前，我们都能自己先试听几遍，在不断修改佐证中，我们的表达能力会不断提高。

3. 多问

演讲也是一门"学问"，所谓"学问"就是既要"学"又要"问"。"学"什么？学别人成功的技巧；"问"什么？问别人成功的经验。但很多人却错误地认为，演讲是一个人的天赋，生而没有演讲天赋的是不可能成为演讲家的，因此，他们根本不会去学习别人的经验，更觉得无"技"可寻。实际上，天赋只是一个方面，那些成功的演讲家有很多都是通过后天努力才成功的，他们恰恰是在不断汲取别人成功经验和技巧上，再综合提炼出自己的一套演讲风格才成功的。

英国著名诗人雪莱说过："我们学得越多，就会越发现自己的无知。"一个人要想弥补自己的不足，提高自己的演讲水平，就必须要丢掉面子、放下架子、迈开步子、张开嘴巴向有经验的演讲者和成功的演讲家虚心求教，做到不懂就问，只有这样才能使自己的演讲能力有所提升，才能让自己的演讲生涯收到事半功倍的效果。

4. 多写

一方面，要多写发言稿、演讲稿，多写一些关于演讲与口才的心得体会；另一方面，多写自己的所想所思所闻。所谓好记性不如烂笔头，在我们不断思索的过程中，时常会有一些好的想法和闪光的语言出现，这时候，我们就应该尽快写下来，待我们使用的时候，就能顺手拈来把它按逻辑顺序加以整理即可。

5. 多记

我们需要记什么？记诗词歌赋，这能提高我们演讲的艺术魅力；记名人名言、哲理格言，因为名人名言、哲理格言都充满着智慧，再加上名家所具有的影响力是恒久的，这会加强你演讲的说服力量；记一些动人的故事情节，即演讲要做到以情动人，最好的办法就是讲故事，因为故事内容最容易感动人；记一些能调动演讲气氛的笑话、趣闻，这可以振作听众的精神，使听众能够把注意力放在演讲内容上。

6. 多想

林肯的每一次演讲为什么都能够把问题讲得一针见血，讲得通透见底？就因为他每时每刻都在想与主题有关的问题。当他处理工作时，他在想；当他走在街上，他在想；当他吃饭时，他在想；当他上街买菜的时候，他还在想……他领着自己的小儿子去买菜，小儿子喋喋不休地在他耳边抱怨，抱怨父亲对自己的不理不睬，他突然地拽了拽父亲的胳膊，希望父亲跟自己讲话，可林肯呢？好似忘记了孩子的存在，依然若无其事地沉浸在自己的思索当中，想着自己的演讲主题。可见，"想"的深度决定了演讲内容的深度，越是深思熟虑，演讲内容就越见其透彻。

7. 多学

知识是口才的基础，要想演讲有水平有档次，我们就要不断学习各种知识。"知识就是力量。"有丰厚的知识积累，才能有足够的谈资。所谓"积之愈深，言之愈佳"就是这个意思。林肯优秀的演说就是得益于他的知识积累，他能把拜伦、布朗特的诗集整本一字不差地背诵出来，并且他在白宫时还经常翻看莎翁的名著。他之所征服千百万听众，很重要的一个利器就是他旁征博引显示出来的丰富学识。

"问渠哪得清如许，为有源头活水来。"要想能够滔滔不绝地演说，深厚的内涵是其良好的基础。当然，要做到有"深厚的内涵"，最重要的还是要做到勤奋如一，做到持之以恒。罗宾逊在他的著作《林肯传》中写道："他（林肯）是一位自学成才的伟人。他用高尚的、纯粹的文化与知识武装自己的头脑。你可以称他为天才，但是我却认为，他成才的途径应像爱默生教授评价托马斯所说的那样：'他很小就中途辍学，他是靠着孜孜不倦的勤奋学习与努力实践才取得成功的。而这种孜孜不倦的勤奋学习与努力实践正是无往而不胜的法宝。'"

记住，形象也是一种语言

一位著名的演讲家说，如果你想演讲取得最好效果，那么就要把听众的注意力集中在你的身上。如何把听众的注意力集中到我们身上？除了要有精彩的演讲内容外，你演讲时的形象也是吸引听众的重要因素。甚至可以说，在听众们还没收听到你的演讲内容前，能吸引他们的最主要的武器就是你的形象。

在心理学中，有一个著名的效应叫"首因效应"，意思是说在人际交往的过程中，第一印象在对方的头脑中占据着主导地位并在很长时间内不易改变。第一印象是人们根据对方的外貌、举止、谈吐、服饰等外在的形象做出的初步评价和形成的某种印象。第一印象一旦形成往往影响着人们以后对对方的判断。正是因为深谙第一印象的心理原理，使很多伟大的演说者都特别在意自己的形象，让自己在出场的一瞬间就有足够的说服力。因此，如果想要把听众的注意力吸引到我们身上，就必须打造良好的形象，要知道，良好的形象是打动听众的最直接方式。

演讲者的形象主要包括两个部分：演讲者的仪表和演讲礼仪。也就是说，演讲者只有注重自己的仪表和演讲礼仪，才能给听众留下好印象，才能给自己的演讲加分。

1. 演讲者的仪表

演讲者要注意仪表主要是指演讲者要打理好自己的容貌、穿着得体的服饰。首先，演讲者要保持清新整洁的容貌，演讲者在大庭广众面前应该以整洁、大方为原则。男士要把胡须修理干净，不要一脸的胡子拉碴相，以免给人很邋遢的感觉。要将头发梳理整齐；女士的发型要以大方为原则，化妆要得体，切忌浓妆艳抹，更不要悬挂太多的装饰物，不要"点缀"过多。

其次，演讲者的着装要恰当得体。俗话说"佛要金装，人要衣装"，西方也有俗语"你就是你所穿"，都说明了穿着的重要性。对演讲者而言，得体的服饰更是重要。著名的演说家拿破仑·希尔说："成功的外表总能吸引人们的注意力"，可见，演讲者着装得体，更容易把听众的注意力吸引到自己身上。

总体来说，"和谐统一"是演讲者着装的第一大原则。具体来说包括"五个协调"：一是服装与演讲者体态相协调；二是服装与演讲者身份相协调；三是服装与听众的装束相协调；四是服装与演讲内容相协调；五是整体搭配要协调。

服装与体态相协调，即要求演讲者在选择服装时，必须考虑自己的身材体形和肤色。服装与身材互相协调，即根据身材的高矮胖瘦来决定穿着。首先，身材与打扮要互相协调。比如，体形肥胖的人不宜穿过紧的衣服，这会给人一种膨胀感，让人觉得透不过气来；体形瘦长的人可以穿横条服装以显得丰满些；个子比较矮的人，上身最好是穿短款的衣服，这样可以让你看起来更高一些。其次，服装要与肤色相协调。比如皮肤白皙的人，穿什么样正规的服装都可以；而皮肤比较黑的人，最好穿浅色系的服装，深黑色的服装不宜穿。

服装与演讲者的身份相协调，即要求演讲者要根据自己的年龄、职业等来选择服饰。比如，演讲者如果是老年人，就不宜穿的花里胡哨；演讲者如果是学生，就不宜穿的名牌满身，更不宜打扮得珠光宝气；演讲者如果是女性教师，就不宜穿的花枝招展等。总之，演讲者的服饰要与年龄、职业相称，否则只会引人瞠目，影响演讲的效果。

服装与听众的装束相协调，即要求演讲者的服饰要与演讲现场广大听众的装束相得益彰。如果我们的听众大多穿着朴素，那么我们的服饰也要以干净、简洁、朴实为主，这利于与听众尽快打成一片，否则，只会分散听众的精神，引起非议，破坏演讲气氛，会让听众觉得你徒有漂亮其表，却无真才实学。需要说的是，你的穿着也不能过于随便，这会让听众觉得你不懂礼貌。当然，如果你的听众是一些时髦的时尚达人，你的服饰选择的不能太土，以大气典雅、简洁上档次为原则，切不可太奢侈华美，这会分散听众的注意力，破坏你演讲的效果。

服装与内容相协调，即要求演讲者要根据其演讲内容的不同而决定着装。演讲的内容有严肃庄重、哀伤、愤怒、欢快喜悦之分，人是视觉动物，各种颜色给人的视觉冲击以及象征寓意也都不一样，基于这点，演讲者在服饰选择上就要做到具体情况具体分析。比如，如果我们的演讲内容是严肃、郑重的，我们穿深色系的衣服或者黑色衣服比较合适；如果我们演讲的内容是哀痛的、愤怒的，深色衣服也是最合适的；如果我们演讲的内容是喜悦的、欢快的，穿着浅色系或者鲜艳的衣服会更好。

整体搭配要协调，即要注意服装和鞋子要配套，同时上装和下装从款式到颜色要搭配和谐。对于一名演讲者来说，服饰颜色的搭配不要过于多、过于杂，最好颜色一致，最多有两个色系，千万不要因为你喜欢各色各样的颜色就乱搭配，不要让人觉得你是一只色彩斑斓的"鹦鹉"。

2. 演讲礼仪

演讲礼仪是指演讲者在整个演说过程中对听众的礼节，它贯穿演讲的始终。这要求演讲者在演讲时彬彬有礼，不失身份。

具体要求是：大方上台后，自然面对听众站好，向听众微微鞠一躬，而后正面扫视全场，绝不以轻蔑、不屑的眼神斜视听众。在演讲中，要微笑着用目光同听众交流，走下讲坛时，要面向听众稍鞠一躬，然后从容镇定退场，千万不要觉得"可讲完了"就慌慌张张地跑下台去，如遇听众鼓掌应表示感谢并向听众微微鞠躬，然后含笑退场，切不可画蛇添足，在掌声之后还留在台上不断向听众挥手，这会影响你的形象。

说话前想好先伸出哪根手指——
注意肢体语言的忌讳

演讲中，不同的肢体语言所表达出的含义不同，光手势就不少于 30 种，这 30 种手势又各有各的含义。因此在演讲中，我们要正确传达自己的意思，就必须要使用正确的肢体语言，必须要有恰当的站姿、坐姿和手势。其中，站姿、坐姿我们在前面的章节中进行了阐述，现在，我们重点来介绍演讲中的手势语言。

演讲中，手势是态势语言的一个重要组成部分，其使用范围最广，使用频率最高，是演讲中"演"的重要手段之一，对演讲起着非常重要的作用。手势使用恰当能使演讲显得生动、活泼，使演讲更具感染力。

很多善用手势的著名的演讲家都认为手势可以传递整个演讲信息的40%，手势在补充说明演讲者的思想、情感与感受方面起着重要作用，很多时候，手势不仅能补充说明演讲词的含义，还能生动地表达出演讲词里所没有的东西。苏联演员瓦帕帕江说："手势语本身就像文字一样富有表现力。"没有手势，我们演讲的表现力就不足，就算不上是生动的演讲。

奥地利心理学家弗洛伊德说"指尖会说话"，意思是说不同的手势能表达出人们不同的意思和感情。虽然演讲中的手势多种多样，表达的意思也多种多样，但并不是说没有一定的规律可循，按照手势所表示的意思来分，分为4大类：指示性手势、情绪性手势、象征性手势和形象性手势。

指示性手势的主要作用是指示具体的某个对象，目的是让人们更清楚地看到实物。比如讲到某件物品时，或者是某个人时，都可用手指示意一下，可以给听众留下更深的印象。

感情性手势主要是用来表达演讲者的情感、情绪，使演讲更真实。比如，很多演讲者讲到愤怒的事情时，就双手握拳；讲到胜利时，就拍手称快等。情绪性手势能更好地传达出演讲者的感情，对演讲气氛的渲染也起到巨大作用。

象征性手势一般用来表示抽象的意念，比如有些演讲者在讲到"坚决果断"时就用手在空中劈掌来示意；双手摊开表示"无可奈何"；手指微摇表示"无所谓"等。

形象性手势主要是用来模仿某种事物，给听众一种很形象的感觉。比如演讲者在讲到"很大"时，手势一比画，那种大的程度一下子会让听众感觉很具体，又形象。

以上是手势在演讲中所表示的意思，演讲者可根据自己的演讲内容，来自由决定自己要用的手势。需要强调的是，手势不是万能，也不能随随便便就用，这就需要我们明确手势在运用过程中有哪些注意事项、哪些忌讳。

忌讳一：手势动作过大。

演讲中，很多人在利用手势的时候，喜欢天马行空乱比画，尤其是在给大家演示幻灯片的时候，一只大手在屏幕前面张牙舞爪，大家看你还是看你的幻灯片？这势必会分散听众的注意力。因此，演讲手势动作不宜过大，更不可手舞足蹈。

忌讳二：手势动作太多。

在演讲中，有些演讲者习惯性地喜欢动自己的手，不管演讲的内容能不能用手势表达，也不管演讲的内容需不需要借助手势，总之，他们的手一直在空中动个不停。多做手势，如果不能引起他人的注意力，就必定要分散他人的注意力，因此，动作要控制，数量要适可而止。

忌讳三：用手势代替语言。

手势是语言的补充说明，但不能代替语言。很多演讲者话还没说明白，就摆出手势，听众们都喜欢根据自己的想象来猜测演讲者本人想表达的意思，这非常容易造成误解，等演讲者自己解释出来时，听众们才发现自己猜测错了，所以动作必须配合语言。

忌讳四：手势动作与演讲内容不一致。

这个比较容易理解，有些演讲者在说到"你们"时，却用手指向了自己；在说到"自己"时，却用手指向听众，这些都会给听众留下笑柄。

忌讳五：用食指指点他人。

在任何情况下，我们都不可随便用食指指点他人或者自己，这含有妄自尊大和教训别人的意思。在谈到自己时，我们应该用手掌轻按自己的左胸，这样可显得大方且可信；在需要指向别人时，我们可以掌心向上，四指并拢指指别人，这样更显我们的礼貌和对别人的尊重。

总之，一名成功的演说家在演讲时，一定不要忘了利用手势语言等体态语，这会加强我们所要表达的意思。但不管怎样，我们的手势一定要自然，如果觉得有必要，我们可以强迫自己多使用手势，这样可以促使你在将来的演讲中，能够顺手拈来你所需要的手势。

用脑说话，开口前想好所说的主题

主题也叫主旨、观点或者中心思想，是写作的指导，更是全部演讲稿组成部分的"统帅"。演讲者全部的演讲内容都是围绕主题展开。所以，在执笔写演讲稿之前，首先要确定主题。

古希腊哲学家亚里士多德认为，所有成功的演说家都应该具有希腊语所谓的"精神病态"，即对于演讲主题的痴迷。只有痴迷于主题，我们才会心甘情愿投诸时间和精力来深钻它，才能让我们的演讲更有吸引力，才能更好地向我们的听众传递我们最重要的想法和信息。乔布斯每次演讲时都会释放一种对主题近乎狂热的痴迷："今天，苹果重塑了手机"、"苹果 MacBook 体型轻薄，功能厚重"、"苹果 iPod 瘦身"等，都是优秀的主题，这些主题一经宣布，立刻能够抓住观众的注意力，让他们有兴趣继续听下去。这些优秀的主题都是乔布斯日思夜想的成果。

卡耐基说："请预先确定要演讲的主题，这样，会使你在闲暇时对之进行思考。"当主题确定了之后，无论是下班路上还是在等电梯的时候，我们都可以思考关于演讲主题的任何问题。主题思考得越是深刻越是深入，在搜集材料的时候，就越有针对性、越明确，我们的演讲就越具哲理性和启发性，就越受人欢迎。

那么，好的主题其要求是什么？我们来看北大博士生导师朱苏力在给北大法学院即将毕业的研究生做的一场演讲。当时，朱苏力经过再三斟酌，确定了自己的演讲主题——珍重自己。我们且来看朱苏力的演讲原稿：

珍重自己，并不只是珍重身体，更重要的是要珍重自己的才华。在未来的航程上，最危险的并不是漩涡、暗礁、惊涛、骇浪，而是古希腊神话中的塞壬女妖，她用迷人的歌声诱惑那些无畏的水手，最终导致过往船只触礁沉没。而这种诱惑，在当代中国社会转型期间，可能尤为突出。社会旧有的控制体系在一定程度上已经功能失调，现代的以法治为中心的社会控制体系尚未完成，因此在这一时期，种种诱惑可能驱使你们用自己的才智以各种名义，甚至以法治的名义干一些不道德的事、违法的事、龌龊的事、卑鄙的事。有的人可能会想，这件事即便做了，也可能不会被抓到，不受惩罚，但是我必须提醒你们，有许多事，如果你的良心不能认同，就一定不要做，一定不能做。

这段演讲可谓是应时应景，非常合时宜，并在当时取得了良好的演讲效果。后来很多北大的教授都称赞这场演讲经典、精彩。为什么这篇主题受人们欢迎，因为其主题鲜明，句句扣旨，他的演讲主题符合一个好的演讲主题的所有要求：

1. 科学、正确

这篇演讲其思想、意向符合规律，句句在理。

2. 符合时代精神

这篇演讲发表的时间正是中国社会转型期间，在这期间，人们会面临着各种各样的诱惑，社会需要的就是自觉抵制诱惑，驱赶诱惑的力量和精神，这篇演讲旨在告诫学生们要抵制住种种诱惑，不要做有悖于良心的事情。对即将走上社会的大学生起到了启发警示的作用。

3. 积极的和催人上进

这篇演讲的思想具有警示作用，他让听众们（学生们）认识到如果经不住各种诱惑，就可能会受到惩罚，即使不被惩罚，也会被自己的良心谴责一辈子。这有利于唤起学生们的行动意识，使其积极行动起来抵制种种诱惑。

4. 富有建设性

朱苏力的这篇演讲不是指责，也不是批驳，他是在告诉学生"什么是对的"，在教给学生们"应该怎么去做"、"应该怎么办"。"应该怎么办"这正是很多差劲的演讲中所没有的。

5. 旗帜鲜明

这篇演讲主题鲜明、突出，紧紧围绕着"珍重自己"这一主题来展开论述，旗帜鲜明地告诫学生们不要做有悖于良心的事情，句句扣住主题，没有一句废话，演讲者本人的爱憎态度也从中明显地表达出来。

6. 主题集中

这篇演讲稿的主题只有一个——珍重自己，不管是演讲者以古希腊神话中的人物为例，还是从反面论述，一一列数那些将造成人们做出没能"珍重自己"行为的可能性，还是最后语气坚定地说："如果你的良心不能认同，就一定不要做，一定不能做"，都是为了进一步突出强化演讲的主题，做到了观点集中、态度鲜明，从而取得了良好的演讲效果。

所以，一篇演讲稿中，主题要集中。如果主旨太多就会什么都讲了什么也讲不清楚，这势必会影响演讲的效果。马云每次演讲之所以能被人们大力传播，就是因为他每次总能剑指一个问题，能把这一问题阐述的透彻见底。在他的演讲中，他非常善用一个关键词来表达自己的观点，以达到观点简练好记的目的。比如，2008 年，马云演讲的主题是"过冬"；2009 年演讲的关键词是"变革"；2012 新年，马云在公司内部讲话的主题是"蛰伏"，每一次演说主题的改变，都意味着马云及其员工会以一种崭新的姿态改进和前进。

记住，在一篇演讲中，我们不要试图一下涵盖太多主题，以免犯下很多演讲者的通病。最好是针对一个主题，只从一两个方面阐述，并且力求充分。

总之，主题是演讲的灵魂，在演讲之前，我们应明确自己的观点和主张，绝不可模棱两可。这样，在听众听完演讲后，才能真正理解和接受我们的观点，并从中受到教育和启迪。

要想演说有实效就得懂点他人心理

美国著名作家、商界知名人士查尔斯·哈奈尔说过："我们生活在一个可塑的、深不可测的精神物质海洋之中。"在这个深不可测的精神物质海洋里，我们每个人都能感受到自己的行动被一股神奇而强大的力量支配着，这股神奇的力量就是我们的心理。

一个人的心理决定了其对人对事的态度，进而影响其行为。无论说话还是办事，如果我们能抓住别人的心理，就会赢得别人的喜欢，就能事半功倍。同样，在演讲中，如果我们能抓住听众的心理，那么，我们的演讲也能取得好的效果。

1963年6月26日，美国前总统肯尼迪对西柏林进行访问，成千上百万的西柏林人民涌上街头热烈欢迎肯尼迪，原本只能容纳20万人的市政府广场被近50万人挤占得水泄不通。看到满怀热情却身在困境中的西柏林人民，看到那让人无比压抑的柏林墙，肯尼迪心中五味杂陈，感慨万千，在西柏林人们深深的忧虑和期待中，肯尼迪开始了他著名的《柏林墙下的演说》。

"2000年前，最令人骄傲的话是'我是罗马公民'；今天，最令人骄傲的话还是'我是柏林人'。"广场上立刻沸腾起来，西柏林人民高喊着肯尼迪的名字。

肯尼迪接着说："自由是不可分割的，只要一人被奴役，所有的人都不自由。当所有的人都自由了，那时我们便能期待这一天的到来：在和平与希望的光辉中这座城市获得统一，这个国家获得统一，欧洲大陆获得统一。当这一天最终来临，柏林人民将能对这一点感到欣慰：在几乎 20 年的时间里他们站在第一线。"

在演讲结尾，肯尼迪用德语讲出了那句至今家喻户晓的名句："所有自由的人们，不论他们身在何方，都是柏林的市民，所以作为一个自由人，我为'我是柏林人'这句话感到自豪！我是一个柏林人！"

肯尼迪的《柏林墙下的演说》让整个西柏林都受到了极大的鼓舞，他让身陷"孤岛"中的西柏林人民有了反抗敌人封锁的意志。至今，肯尼迪仍然为德国人民无限尊敬和怀念。

肯尼迪的这篇演说之所以对西柏林人民来说有着非凡的动人的魅力，很重要的一个原因就是因为肯尼迪的演讲抓住了西柏林人民的心理需求——渴望被认同，渴望被保护。

1963 年 6 月，刚刚建起来的那一堵墙让西柏林人民感到孤立无助，他们不知道自己会不会被奴役，他们也不知道自己会不会被西方遗弃，他们更不知道美国会不会站在他们一边。面对种种未知，西柏林人民渴望被西方认同，渴望肯尼迪代表的美国能与他们并肩为自由而战。肯尼迪正是认识到这一点，所以，他非常明确他要做的第一步就是争取听众，向他们形象生动地表明自己是了解他们的，自己是认同他们的。于是，在演讲一开始，肯尼迪用"2000 年前，最令人骄傲的话是'我是罗马公民'；今天，最令人骄傲的话还是'我是柏林人'"一句，一下子表明了自己的立场——他认同西柏林人，就这一句就立刻让肯尼迪达成了与柏林人的共识，打动了所有在场的西柏林听众。

找到了迎合西柏林人民需求的突破点，肯尼迪的演说要获得成功顺理成章。通篇演讲他都围绕西柏林人民最渴望被认同这一心理来晓之以理，从而消除了西柏林人民最深层的忧虑。在被孤立的环境下，"我是一个柏林人"不正是这个城市的人民最想听的一句话吗？

无独有偶！

2004年7月27日，奥巴马在民主党全国代表大会上的演说也是因为迎合了听众们的心理需求，才使之大获成功的。在这次大会上，奥巴马一句坦诚告白"我是同胞弟兄的守护人，我是同胞姐妹的守护人"，让很多代表听得热泪盈眶。正是这篇著名的演讲让奥巴马的名声在党内彻底打响，光芒直逼总统候选人约翰·克里。

每个人都有被认同、被保护的心理需求，如果我们的演讲能做到满足听众的这一需求，那我们的演讲也就成功了。当然，听众们的心理需求还有很多，这就要求演讲者在演讲之前，先深入调查、观察，在摸准了听众们的心理需求后，"对症下药"，这会让我们的演说更有说服力。

其实，有时幽他一默也无妨

幽默能使人开心，幽默也能化解很多尴尬，在演讲中，如果我们适时地运用幽默，可以让我们赢得听众的喝彩。

比如，在前面我们讲到的美国前总统威尔逊的一次演讲，当捣乱分子指着威尔逊高喊他的演讲是"狗屁！垃圾！臭大粪！"时，威尔逊并没有粗口大开，而是用自己的智慧幽了这位先生一默，他马上安慰这位捣乱的先生：

"这位先生，请勿急躁，我马上就要谈到你提出的环境脏乱差的问题了。"随之，听众中发出一阵笑声，紧接着就是持久的掌声。威尔逊用自己的幽默与机智赢得了听众们的满堂喝彩。

幽默确实能让人感觉轻松，很多演讲者为了活跃现场气氛，营造出幽默氛围，总会想尽一切办法给听众讲点逗乐的故事或者语言，适时的幽他一默，这也无妨，但如果幽默故事使用的时机不当，会让听众们觉得你是在进行脱离了演讲主题的夸夸其谈，会给人画蛇添足的感觉。所以，使用幽默的故事或者笑话一定要谨慎。

很多演讲者尤其是演讲的初学者总希望自己的演讲能非常有趣，他们总设想当自己站起来演讲时，能拥有美国名作家和演说家马克·吐温式的风格，于是，他们习惯了在自己的演讲中以一个幽默的故事作为开场白。的确，人们都喜欢幽默的人，也喜欢能带给自己欢乐的演讲。但是，我们的演讲绝不应仅仅是为了追求幽默感而去讲一个好笑的故事。如果这个故事跟你的演讲主题没有多少联系，那只会给听众牵强附会甚至是肤浅的感觉。如果你真的要讲充满幽默感的故事，那这个故事应该是与演讲紧密相关的，它应该是为你更好地论证我们的观点而服务的。

我们知道，在演讲中实际上只有极少数的故事本身就充满着幽默性，幽默只是演讲的一种手段而不是演讲的全部，打个比方来说，演讲如果是一块蛋糕，那么幽默只能是蛋糕上的巧克力，而绝不能成为蛋糕本身。

有一位著名的演讲家，尤其在结尾非常善用幽默。有一次，在他演讲即将结束时，他说："等你们回家之后，你们当中肯定有很多人会给我寄送明信片。如果你们不这样做时，我就会给你们寄明信片，我寄给你们的明信片很容易识别，为什么呢？因为我寄给你们的明信片没有邮戳。"听众们一阵大笑。在听众们的笑声中，这位演讲家结束了自己的演说。

所以说，使用笑话最好的办法就是让笑话自然地成为你演讲的一部分，且这个笑话能在最佳时机最佳情形下使用，你能讲得流畅自然、惟妙惟肖，刚好能对你的演说起到锦上添花的作用。当然，如果你真的有非常强的驾驭能力，你也可以将笑话贯穿于讲话的始终。

使用笑话或者幽默的故事要谨慎，这并不等于说我们的演讲就一定要是严肃的，如果你真的想让自己的演讲给听众营造快乐的气氛，最好的办法莫过于开开自己的玩笑，你可以讲讲自己的亲身经历，也可以描述自己一些荒唐的做法，这更能自然地引人发笑。

总之，演讲中幽默故事或者笑话的运用要合时合景，千万不要为了博听众一笑，刻意去讲一些跟演讲毫无联系的幽默故事，更不要杜撰奇闻轶事，这些都会让听众觉得不真实甚至是滑稽可笑。

记住，没有固定模式与技巧的演说才是最厉害的演说

掌握了演说技巧，并有了可套用的演说模式，那么，我们的演讲就一定能获得听众的认可和喝彩吗？否！我们可以发现，在大多数的演讲辩论赛中，我们经常会发现那些获胜者并不总是拥有多么一流材料的人，而是那些能以自己独特的表达方式使材料听起来最完美的人。

我们经常还会发现这样一种现象，即便是完全一模一样的演讲稿，交由

不同的人去演说，其结果也会完全不同。为什么会这样？这是因为在演讲中，影响其整体演说效果的并不仅仅是内容，还有很多其他的因素，而在这些因素中最重要的就是一个人演说的风格。

风格是什么？风格即作品在整体上呈现出的具有代表性的独特面貌。换句话说，风格就是特性、个性，是你区别于他人的、独有的特点。也就是说，一个人的演说风格越是独树一帜，越是不流于俗套，就越能使演讲取得良好效果。

福特汽车创始人亨利·福特说："世界上所有福特汽车都是相似的。但是，世界上没有两个完全相似的人，每个人都有与众不同的地方，人的这种特性是世界其他万物所不能比拟的。每个人都应该发掘出自己异于众人的闪光点。这是你们最大的财富，珍惜你的'财富'吧，这是你走向成功的唯一真正的资本。"

演讲也是如此，每个人都有自己的思维方法和讲话方式，这就注定了每个人所具有的个性。有个性我们的演讲才会独具一格，所以我们应珍惜自己的个性。归根结底，个性才是我们演讲成功的真正资本。

由一代宗师、"功夫之王"李小龙所创立的武道哲学——截拳道，在世界武坛上可谓独树一帜。其强调本能性，强调抛弃传统形式，忠实地表达自我。"以无法为有法，以无限为有限"是其宗旨。李小龙本人曾深刻地说："所有的形式、技巧或者套路所涉及的东西，仅仅使人们处在了对武术天才理解的边缘。理解的核心部分实际深藏于每个人的头脑中。在人们达到核心理解之前，任何东西都不是确定的和表面化的。在我们最终全面地理解了我们自己和我们的潜在力之后，我们才能真正领悟真理。毕竟，武术知识本质上是自知。"

在这里，李小龙强调以"有法"作为探索工具，目的是为了寻求真正的自知与自觉，进而达到"无法"。李小龙认为，对于武术而言，在瞬息万变的格斗时间和空间中，想以预设的招式去应对不同打法的对手，这注定只会失败。一位厉害的武术家只有在格斗中以我为主，能据势自由发挥，而不是机械地按照之前固定的套路应付不同的对手，才能真正称得上是武学奇才。

李小龙的观点和卡耐基的某些观点如出一辙，卡耐基曾经说过："我们对人们进行演讲培训不是为了强加给他们什么其他的一些东西，比如一些固定的演讲技巧或者演讲套路，而是想最大限度地帮助他们摆脱表达的障碍，彻底解放他们，使他们能以一种完全的自如状态展现在公众的面前。但这并不是一件轻松的事情。"

卡耐基所说的"完全的自如状态"，就是一种"真我"的状态，处于这种状态下的演讲者不会刻意去模仿别人，更不会直接套用其他成功演说家的技巧和形式，他们不会丢掉自己的个性，因为他们知道如果一个人只是随着传统模式走，他就只能生存在传统的阴影下，只能重复老路子，他就永远没有机会了解自己，永远不知道自己到底有多优秀、多与众不同。

喜欢绘画的朋友都知道，画坛有很多流派，像"吴门派"、"浙派"、"海派"等，为什么称为"派"，就是因为每个门派都自成一格，他们不模仿、不抄袭，各有各的特色，正因为有特色，所以不同门派的画作都堪称极品。很多著名的演讲家也是如此，正因为他们的演讲风格异于他人，才给人们留下了更深的印象。如果这些演讲家也纷纷效仿林肯或者道格拉斯，而失去了自我，那他们或许已经成了失败者。

我们每个人都应该充分利用自己独有的天分，去塑造一个与众不同的杰出的自己。但可惜的是，很多人却并没有认识到这一点，他们总喜欢寻找关于演讲的各种确定而具体的方法，最好是能拿来直接就用的操作方法，就像驾驶汽车一样，方法越直接越好。但这些方法真的放之四海而皆准吗？卡耐基先生说："具体的方法只会让你的演讲痛失自然和水分。"

世界上没有两片完全相同的树叶，更不存在完全相同的两个人。每个人都应该去充分展现自我个性的光辉，并努力实现自我解放的最高目标。而不是浪费大量的时光试图去寻找那些"放之四海而皆准"的具体的演讲方法，那一切都是徒劳无功。

把人永远放在心中，永远牢记演说目的

我们进行演说的终极目的是什么？是说服！说服的对象是谁？是"人"！在这个过程中，只有做到"以人为本"、"听众至上"，听众才会报以你想要的结果，也只有时刻把"人"放在心里，才会给听众一个想听且愿意听你演说的理由。

那么，在演说中，我们如何做到"听众至上"呢？要做到"听众至上"，很重要的一点是在演讲时，我们的一切言行举止都必须符合听众的需要。卡耐基曾不止一次地观察到，如果演讲者衣衫不整，听众们将不会对之表示出尊敬，因为听众们觉得演讲者穿着不得体是对自己的一种不尊重。亚里士多德在他的著作《修辞学》中说："当观众处于高兴和友善的情绪状态时，他们就可能被说服。"那些言行举止不合听众要求的演说者，人们只会报以冷漠。

要做到"听众至上"，还要设法了解听众的需求，若你每次准备演讲时都依照"听众至上"的准则来挑选材料，你的演说会变得很有效率并具有说服力。

曾把《如何寻找自己》这一题目演说过 6000 次，且每次听众都爆满的著名演说家罗索·康威尔博士说过："当我去某一城或某一镇进行演说时，我总是想方设法尽早抵达。以便去看看邮政局长、旅馆经理、学校校长、牧师们，然后我会找时间去同他们交谈。了解他们的历史与他们拥有的发展机会。然后，我才发表演说，对哪些人谈论，就得适当地选择当地题材。"

要做到"听众至上"，让你的语言成为听众们更乐意倾听的风格。你在敲击键盘或奋笔疾书时，虽然"眼前无人"，但你一定要"心中有人"，这个"人"就是听众。如果你想毫不费力地就让听众听懂你所说的话，那么你一定要控制好你的措辞。最好是能让你的措辞在人们头脑中创造出一幅形象的图景。比如你想告诉人们每天我们都浪费数量惊人的水能，而且在演讲的时候，你就是如此描述的，就这样简单地一笔带过，你觉得能激发听众的兴趣吗？绝对不会！

我们知道，在我们国家，现在正有数十万甚至上百万的人正在遭受着缺水的折磨，可是，你知道吗，我们每天都浪费数量惊人的水能，折合成经济价值相当于每小时损失 50000 个面包或者是 12 万个鸡蛋；如果单位按"年"计算，我们每年浪费的水资源更在 60 亿立方米以上，这一数字保守计算相当于 2000 多个昆明湖水量。一个南水北调中线工程年规划调水量是多少？是 100 多亿立方米。也就是说按照这个速度浪费水源，一年多的时间，我们就能损失一个南水北调中线工程的水量，数字可谓触目惊心！

相比那些模糊的、陈腐的措辞，无疑，这种表述更富形象，并且所表达的内容极其丰富，这样的演说对听众的吸引力是不言而喻的，对于这样的演讲，人们可以不费吹灰之力地就能铭记于心。

一名优秀的演讲者，时刻都会把"人"放在心里。实际上，对于听众而言，最能吸引他们的无疑也是关于"人"的一些东西，一讲到关于"某人"的内容，人们则往往会更加全神贯注。你讲再多好听的理论，人们都不会享受于这样的演讲，因为没有人喜欢总是处于一种被告知的地位。

听听大街小巷、茶余饭后人们的议论，他们谈论什么样的话题最多？是关于"人"的话题最多！人们总是对那些加工美化后的故事，表现出异样的兴趣。因此，在演讲中，与抽象的说教相比，我们不如讲一个人如何不屈服于命运、如何克服重重困难、如何历经波折之后取得成功。这样的故事总会使人兴致勃勃。

一位成功的演说家说："人们总喜欢听到关于某人的真实故事，只要我们能恰当地把它讲述出来，那么，我们的演说一定会极富吸引力，这一点已是不容置疑的了。"因此，在演讲中，我们一定要学会运用充满"人性"的内容做材料，这易于让人记忆并从中受益，也会让演说变得容易。

参考文献

［1］方凤玲. 演讲与口才［M］. 北京：北京师范大学出版社，2009.

［2］袁岳. 魅力演说：如何获取公众支持——沟通新能量丛书［M］. 北京：机械工业出版社，2006.

［3］［美］加洛. 乔布斯的魔力演讲（珍藏版）［M］. 葛志福译. 北京：中信出版社，2011.

［4］［美］卡耐基. 跟卡耐基学口才［M］. 李会丹编译. 北京：印刷工业出版社，2011.

［5］王志康. 演说创造奇迹［M］. 北京：中国言实出版社，2014.

［6］［英］布拉德伯德. 成功演说技巧［M］. 夏厦，李季译. 大连：东北财经大学出版社，2007.

［7］［美］魏德曼. 演讲中最重要的事［M］. 冯颢，安超译. 北京：中国人民大学出版社，2013.

［8］［美］戴兹. 成功演讲技巧：［M］. 冯丁妮，马军，冯速译. 海口：海南出版社，2008.

［9］［美］艾伦. 创富：［M］. 孙红，肖磊译. 北京：金城出版社，2011.

［10］岳丰竹. EMBA 商学院的财富课［M］. 北京：中国铁道出版社，2014.

后　记

写完本书，感触颇多。所谓世间万物，不外"道术"二字，道为本，术为用，术合于道，相得益彰；道术相离，各见其害。演讲者应该以崇高的理想和使命感为道，以有效的方法和技巧为术，得其要者，方能创富人生。读者诸君，您以为如何？

任何一部作品的完成都是众人智慧的结晶，凝结着众人辛勤的劳动和汗水。在本书的写作过程中，借鉴和参考了大量的文献和作品，从中得到了很多启示，才有了本书的诞生。在此，谨向各位专家、学者表达崇高的敬意！

凡被本书选用的材料，我们都将按相关规定向作者支付稿酬，但因有的作者通信地址不详或者变更，尚未取得联系。敬请您见到本书后用您的方式及时告知信息，我们会在第一时间办理相关事宜。

书中或有不足之处，诚请谙熟此道者斧正，以求进一步彰显演讲的魅力。谢谢！

魅力演说

——最系统、最专业、最有效演讲口才特训营——

你是否遇到这样的困局：不够自信、说话紧张、沟通不到位、人际关系不和谐……

Φ 你还在为整天付出却得不到上级赏识而烦恼吗？语言创富时代来临，你还要等吗？

Φ 你还在为不知如何领导和管理员工而困惑吗？为不知道如何有效应酬而苦恼吗？

Φ 如何打造强大个人魅力、万人瞩目？让演说成为一种领导力、号召力、震撼力，你想做到吗？

Φ99%的人依旧在用原来的思维说话，却不知道说话也有策略模式，你想了解吗？

Φ99%的人说话越来越无效起不了作用，却不知道优秀的人已在使用新的语言思维创造奇迹！

Φ 一种用语言创富的秘密被揭开，但99%的人不知道究竟如何用语言创造财富！

Φ 说话精髓、演说厉害、人际沟通关键之处，谁迅速掌握这种能力，谁就能在未来竞争中脱颖而出！

拥有一流演讲口才能力将倍增自信、倍增能量、倍增财富！家庭会和谐、工作会提升、事业会进步、关系会融洽、人脉会变广……

李章珍老师为什么能帮助到你？

为什么那么多商界精英、政界名流，愿意放下精力、放下时间倍加推崇李章珍教练？

因为他真正做到了：让商界精英学会演说，成为卓越领袖，让政界名流学会演说竞职成功！他是一批优秀企业家及政府官员的高级顾问与私人教练！

李章珍老师将教会你什么？

2008年始《魅力演说》课程年年开班、月月开课、场场爆满，已成功帮助众多人掌握一流演说能力！

第一大板块：领袖自信突破（如何拥有领袖型气质、领袖型自信、领袖型能量？）

第二大板块：魅力公众演说（如何突破公众讲话紧张、恐惧，掌握魅力演讲能力？）

第三大板块：沟通整合大师（如何读懂人性，说什么话做什么事能进入人的内心与思想、引发人的行为？）

第四大板块：人脉关系之道（如何处理人际关系，如何拓展人脉、管理人脉、维护人脉、整合人脉？）

第五大板块：演说道场文化（如何布道、布场去影响他人，散发人格魅力，用语言和谐家庭场、朋友场、事业场？）

李章珍老师靠什么方法帮助到你？

1. 教：手把手教语言基本功、沟通密码、演讲口才模式！

训：及时纠正、及时点评，效果立竿见影！

2. 练：精进多练，拒绝华而不实、拒绝空洞虚浮，全部情景模拟、实战训练！

3. 赛：搭建平台，擂台 PK，最好的教育不是老师自我展现，而是让学友真正绽放！

【魅力演说】解决 18 大演讲口才问题：

上台恐惧	目不敢视	手足无措
声音乏力	缺乏影响力	表情僵硬
不够自信	忘词、大脑空白	想说、无话说
人际关系紧张	缺乏说服力	无逻辑推理
沟通力不从心	沟通没话题	沟通没重点
缺乏领导力	开会冗长	说话不能影响别人

【魅力演说】五大收获

1. 演说力＝领导力、倍增领导力
2. 演说力＝销售力、倍增销售力
3. 演说力＝影响力、倍增影响力
4. 演说力＝吸引力、倍增吸引力
5. 演说力＝说服力、倍增说服力

还有哪些课程可以帮助你？

第一大品牌课程：《魅力演说》

最实战、最系统、最有效演讲口才能量场

第二大品牌课程：《超级讲师》

领袖演说的摇篮、职业讲师的殿堂

第三大品牌课程：《少年演说》

今日的少年演说家、明日的领袖巨星

第四大品牌课程：《引爆团队》

统一思想、高效沟通、引爆执行、形成系统，打造高绩效团队

这些课：个人要学，家庭要学，组织要学！

我们倡导：最好的课堂不是让你记住了哪些知识，而是真正做到触动你的思想、优化你的语言、引发你的行为！

咨询电话：0311-89909387/15383009351

官方网址：www. zongliedu. com

演说网址：www. yjkcedu. com

新浪微博：http：//weibo. com/zongliedu

李章珍老师微信号：Li_ zhangzhen